2012～
アセンション突入！

新しい時代の新しい生き方のすすめ

吉住　昌美

明窓出版

◎　２０１２〜　アセンション突入！　目　次　◎

はじめに――2012年アセンションにより地球は宇宙の正式な一員になる

2010年の4月に『アセンション入門』（幻冬舎ルネッサンス新書）という本を上梓《じょうし》いたしました。その中で、「多くの人はアセンション（次元上昇）を夢物語と考えるため、人々の『気付き』はかなり遅れるのではないかと危惧《きぐ》しています。そのため2012年12月までに、気候変動・災害、ドル暴落、資本主義の崩壊など、さまざまなことが起きるでしょう」と書きました。

実際に2010年、2011年は世界各地で異常気象のオン・パレードでした。本文でも紹介していますが、そこには「ガイア（地球）意識」（以下「ガイア」とする）のあせりと怒りの明確な意志が表れているのです。

また、円高で騒がれていますが、実態はドルの暴落です。今の資本主義社会は、ドルが基軸通貨の役割を担って世界経済を支えているのですが、アメリカの経済的凋落《ちょうらく》によるドルの暴落から恐慌、そして資本主義社会の崩落へと向かうことになるでしょう。現実のシナリオは、実際にそのように動いています。

ところで、２０１１年の3月11日に起きた東日本大震災。被災された皆様には、本当に心よりお見舞い申し上げます。そして犠牲になられた方々のご遺族には深いお悔やみを申し上げます。それと同時に、一日も早い現地の復興と復旧が行われ、未曽有の被害に遭われた方々に笑顔が戻ることを切に願っています。

さて、このようなことを書くのは大変心苦しいことですが、実は今回の震災には、ガイアからの怒りのようなメッセージが込められていたのです。ガイアは何を怒っているのか……。正確に言いますと、ガイアの思いと行動を天上界の神様が容認したのです。つまり、日本人も含めて世界のほとんどの人がアセンションに何も関心を寄せず、自らの行動を反省することもなく、アセンションの間近まで来てしまったからなのです。

ただ、その点に関してはマスコミにも相当な責任があると思います。と言いますのは、人類にとってこれほど極めて重要な事柄にも拘わらず、マスコミの多くが「知らぬ存ぜぬ」の方針を貫いているからです。そのようなこともあって、アセンションに対して世の中の動きが極めて遅いし、悪いのです。そんな状況に対する警告的メッセージとして、今回の東日本大震災が引き起こされたのです。

人間の哀しい性《さが》――「ガツン」という一撃があって初めて目覚めるという習性が人間にはあります。確かに、人間は不幸を感じてから考え始め、その結果いろいろなことが分かってから次のステップに向けて行動する動物であり、特に日本人はその傾向が強いようです。人がいいというか、人間がのんびりできているのです。

東日本大震災はそのような大局的意図の中で、ガイアにより引き起こされたのです。犠牲になられた方には、慎んで衷心《ちゅうしん》よりお悔やみ申し上げます。ただ、あえて申し添えるのですが、今回犠牲になられた方々は、生前において自らの宿命を甘受《かんじゅ》された上で、この世に来られていたのです。

また、2011年3月11日の「東日本大震災」は、日本だけではなく、全世界の人々に多くの気付きを促すために、起こるべくして引き起こされたのです。日本が選ばれたのは、世界の人々を霊的にリードしなければいけない立場であるにも拘わらず、日本人の霊的目覚めがここのところ大変遅いからです。それにイラ立ちとあせりを感じたガイアにより、21世紀のエネルギー、放射能問題など様々なことを考えて、あの場所が選ばれ、引き起こされたのです。

「人間の気付き」についての詳しいことは本文に譲りますが、今回の震災は必然性があって起きたものです。この地震により、福島原発は廃炉にしなければいけないほどの被害を被ったのですが、放射能や原子力発電の安全性、自然エネルギーの電力利用などの議論を提起し、節電など多くの国民に従来の生活スタイルを変えさせました。つまりこの様なことを見越して、今回の大震災はガイアが引き起こしたものだったのです。

ガイアがあせるくらいに、すでに事態はせっぱ詰まっているのです。いよいよ本当に、アセンションが「待ったなし」の状況となってきているのですが、相変わらず社会、世の中の反応が悪い、そして、肝心の日本と日本人の反応と取り組みが極めて悪いのです。

アセンションの動きが２０１１年の12月から徐々に始まっていますので、残された時間は本当に短いのです。このままでは、２０１２年12月のアセンションまで、何回かのハード・ランディングが起こり、再び多くの犠牲者が出てしまうかもしれません。「第二、第三の東日本大震災」――そんなことになったら大変です。「そうはさせじ！　なんとしても、ソフト・ランディングでなければ困る。そのための啓蒙的な書を書こう」そんな危機感が私に本書を書かせた第一の理由です。

２０１１年9月には台風12号が、紀伊半島を中心に大きな被害をあたえました。規模は日本列島がすっぽり入るほどの大きさで、その目も１５０～２００キロという巨大な台風でした。１道10県で死者、行方不明者あわせて１００人を超えるという、台風では最悪の被害をもたらしました。四国、中国、近畿、紀伊半島から北海道までの長旅をして、各地で記録的な大雨をもたらし、土砂崩れや堤防決壊、家屋の浸水などと大騒ぎになりました。

さらに続けて台風15号です。中部、関東、東北と縦断し、１都６県で死者６人、行方不明者６人、床上浸水２９３棟の被害をもたらしました。停電は84万世帯、臨時休校は５０００校以上でした。これらの台風は、「そろそろ、気が付けよ」という警告のメッセージを携えていたのです。

アセンションは決して夢物語ではありません。２０１２年12月のその日は確実に来ます。われわれ人間には、それまでにクリアーしなければいけない課題があり、それを明らかにして、ひとつひとつ乗り越える必要があるのです。限られた時間の中で、「我々の心を一つにするための道具としての書を作りたい。心を一つにして、このアセンションをソフト・ランディングで乗り越え、再び美しい日本の国を創り、その経験を世界に広めたい！」――これが本書を書いた第二の理由です。

ところで、２０１１年3月9日からマヤ暦の※第9サイクル（最終サイクル）がスタートし、時間の流れがますます早く展開することとなりました。実際に、「タイムウェーブ・ゼロ」理論によって、そのことが証明されています。

「タイムウェーブ・ゼロ」理論を唱えたアメリカのテレス・マッケンナ（１９４６～２０００）によりますと、「時間」は渦巻き状の構造をとっており、「時間」が中心に向かって進むため、「時間」（絶対時間）がどんどん加速し、やがては渦の中心に行き着くというものです。体感的にも「時の経つのが速くなった」と思っている人が増えているはずです。実際に、今の１日は24時間ではなく、以前の18時間程度であるとの計算も出ています。１年で言えば、約9か月になります。とにかく、アセンションに向かって、時間が圧縮されているのです。

コンピューターを使って時間の流れのサイクルを計算し、渦の中心に達する日時を求めたところ、２０１２年の12月22日という日付がでてきたそうです。つまり、「マヤ暦」の終わりの日と同じ日になったのです。これは当然、偶然の一致ではなく、自然（神）からの強烈なメッセージなのです。なお、その日は銀河系の中心と太陽と地球が直列するという2万6千年に一度の現象が起こる日でもあり、天上界の神様は人間に気付きを促すように、二重三重に仕掛けを組み込んだのです。

ソフト・ランディングによってアセンションに無事到達することができれば、私たち人類はこの大宇宙の正式な一員としてデビューすることになるでしょう。そういう点で、２０１2年は「地球維新の年」になるかもしれません。宇宙船も我々の前に堂々と登場するでしょうし、宇宙人とのコンタクトや交流が始まるでしょう。その中で、人類は宇宙というものを今以上に意識することになると思います。

ところでこの世界は、生きるほどに不思議感がつのる世界です。最近は、自分自身の存在そのものが不思議に感じられます。人間はみな分かったような顔をして日々過ごしていますが、人間や地球、太陽などについて、肝心なことはほとんど解明できていないし、分かっていないのです。

「人生五十年」という言葉があります。そんな時代であれば、「私もそろそろあちらの世界を考える頃かな」という年齢ですが、幸か不幸か今は日本の平均寿命は70～80歳の時代です。齢《よわい》を重ね、生活に多少の余裕も出てきましたので、私も哲学的に様々なことを考えることができるようになりました。この3次元の現代世界は考えれば考えるほど、さらに、この世で年齢を重ねれば重ねるほど不思議感がつのります。かくも不思議なこの世の中ですが、アセンションを乗り越えることで、その不思議の謎がもしかしたら解明できるのではと期待しています。

自分自身についても、どこから来て、どこへ行くのかといったことを含めて、その正体を知りたいと思っています。そして多少不安はありながらも、ワクワク感、期待感をもってアセンションの時代を楽しむように過ごしていきたいと思っています。

平成24（2012）年　弥生花月《かげつ》

吉住　昌美

1．2011　東日本大震災
――そこに込められた日本と世界への「メッセージ」
～めざめよ日本人、めざめよ人類～

(1) 東日本大震災――5つの「メッセージ」

2011年3月11日14時46分頃、三陸沖を震源地にしたマグニチュード9．0という驚くべき大震災が起きました。観測史上、日本で最大、世界で4番目の規模でした（1番は1960年のチリ地震／M9．5。2番が1964年のアラスカ地震／M9．2。3番が2004年のインドネシア・スマトラ沖地震／M9．1）。この地震による大津波のため、青森県から千葉県までの計561km²が浸水し、各地に甚大な被害をもたらしました。561km²と言われてもピンとこないかもしれませんが、東京都の1／4強くらいの広さなのです。そして、この大震災による被害状況は表の通りですが、大津波が押し寄せた岩手県、宮城県、福島県の沿岸部を中心に死者、行方不明者が多く発

	東日本大震災	阪神・淡路大震災
死者	15,822人　（10/11 現在）	6,434人
行方不明者	3,923人　（10/11 現在）	3人
被害額	16～25兆円（政府試算）	9.9兆円

生しました。1995年1月に起きた、阪神・淡路大震災を大きく上回る、戦後最大の災害となってしまいました。

さらに、この地震と津波により、福島第一原子力発電所から放射性物質が漏出《ろうしゅつ》する重大事故が発生し、全電源が損壊して原子炉を冷却できないという事態に発展しました。福島原発の操業停止に伴って、関東と東北は深刻な電力不足に陥ったのです。

問題なのは、なぜこの震災が日本で起きたのかということです。それは、アセンションするためには人類に目覚めてもらわなければいけないし、そのためには日本人がまず目覚めなければ困るという判断が天上界にあったからです。

霊的な強い力で守られてきた日本ですが、アセンションを前に、どうしても世界の人々にアピールしなければいけないということで、天上界・ガイアの苦渋の決断が優先してしまいました。

さらに日本が選ばれた理由は、以下の通り5つあります。

1つは、世界の人々への大きなメッセージになることを狙ったのです。実際に、日本の被災の状況、被災者の動向や現地の人々の様子などが世界に配信されましたが、日本人の道徳性や精神性の高さ、冷静さや辛抱強さに大きな称讃と感嘆の声があがりました。「家が流されても取り乱さず、人を思いやる日本人の姿を見て誇りがわき上がった」というドナルド・キーン氏（米コロンビア大学名誉教授）の声が報道されました。日本に対してあまり良い感情を持っていない中国でさえも日本を褒めました。日本人に対する称賛の核心は、自己を抑えて冷静に振る舞う行動に対するものでした。

そして2つ目は、将来において世界・地球を復興・再生する際に、日本がそのリーダーたる力を持っていることを世界の人々にアピールすることになりました。

3つ目は、東北地方の復興という目的・目標のために日本が一つにまとまることを狙ったのです。実際に、「ガンバレ　日本」というスローガンが書かれたポスターが街の至る所に貼り出され、義援金の集まりも順調で、東北地方復興に向けて日本人の温かい心情が一つにまとまろうとしています。

4つ目は、支援に向けて、義援金を拠出したり、ボランティアとして現地で活動したりすることにより、日本人はその善なる心を磨くことができました。

そして最後の5つ目は、電気の有難さとその有限を知らしめる狙いです。震災が起きるまでは、「節電」という言葉はほとんど死語でした。ところが、震災を境にして、街は一斉にライトの光量を落としました。楽観的かもしれませんが、この動きはフリーエネルギーなど、新たなエネルギー源の開発に繋がっていくと確信しています。

(2) 2010年~11年 異常気象のオン・パレード
――ガイアの気付きを促すメッセージ

人類に気付きを促すために、2008年あたりから世界各地で毎月のように異常気象が起こり始め、2010年、11年も異常気象のオン・パレードの年でした。そんなことから、気象庁は2011年9月3日に「異常気象分析検討会」を開催し、同年6~8月の日本に極端な高温をもたらした大規模な大気の流れについて、その要因を分析し、概要を発表する程でした。そのような「分析検討会」を開く事自体が異例だと思いますが、その「異常」の内容は以下の通りです。

●2010年夏（6~8月）の日本の平均気温は、統計を開始した1898（明治31）年以降で最も高い記録となった。

●2010年夏の地域平均気温は、統計を開始した1946（昭和21）年以降で、北・東日本は第1位、西日本は第4位の高い記録であった。

●8月の地域平均気温は、統計を開始した1946年以降で、北~西日本は第1位となった。

●2010年は目を世界に転じても、異常気象のオン・パレードの年でした。

●豪雪→中国……過去60年間で最悪の豪雪のため、首都北京は完全マヒ。
　アメリカ……ボルティモア　最大の積雪量を記録　自転車の運転も禁止となる。
　ワシントン　連邦政府が臨時閉鎖される。
　ニューヨーク　国連本部が臨時閉鎖される。

●熱波→ブラジル……リオデジャネイロ　過去50年間で最大の熱波のため、気温が45℃を超え、50℃に迫った日もあった。暑さのため、各地で死者が続出した。

●大地震→チリ……サンチャゴ　マグニチュード8．8の大地震
　ハイチ……マグニチュード7．0、死者20万人以上の被害

この流れは2011年になっても変わらず、8月には南半球のニュージーランドで「50年に一度」と言われるくらいの大雪となりました。降雪は北島と南島の両島にわたり、一部では強烈な吹雪に見舞われました。数千世帯で停電となったほか、一部の空港や道路が閉鎖されるなどの混乱が起きたようです。

ロシアでは、異常な熱波が6月後半から約1カ月半居座り、日中の平均気温が例年より約7℃高くなって、モスクワだけでも1日約300人が熱さのため死亡しました。

一方、南アジアと中国では、季節的なモンスーンが激化し、記録的な洪水が各所で起こりました。パキスタンでは1600人が死亡、2000万人が家を失ったとされています。中国の長江でも1987年以来、最大の洪水被害が発生しており、被災者は1億2000万人だということです。

さらに7月には、アメリカのアリゾナ州に幅80㎞、風速30ｍというハリケーンのような巨大な砂嵐が発生。州最大の都市フェニックスを飲み込んでしまいました。この砂嵐のため、空港が一時閉鎖され、少なくとも2万戸が停電しました。

8月下旬には、ハリケーン「アイリーン」がアメリカ東海岸に上陸。ノースカロライナ、バージニア両州を中心に100万世帯以上が停電となり、暴風雨による倒木などで18人が死亡しました。ニューヨーク市長は37万市民に対して、避難命令を出しました。

そして、7月に始まり3ヶ月以上続いたタイの大洪水です。首都の中枢まで洪水が押し寄せる可能性が高まったため、バンコクの知事は住民約10万人に避難勧告を発しました。タイの内務省防災局によりますと、これまでの洪水による死者は506人、行方不明者2人に上り、被害は60県（全国76県）、被害総額は約4000億円に及ぶそうです（11月5日時点）。現地に工場を構えている日本のトヨタやホンダは、この洪水のために操業停止に追い込まれてしまいました。

日本では、2011年の「3・11大震災」を皮切りに、9月上旬には台風12号が大暴れし死者、行方不明者あわせて100人を超えるという被害をもたらしました。台風12号は中心付近に巨大なドーナツ型の目を持っていたのが特徴で、その大きさも150～200㎞という巨大なものでした。通常の台風の目の大きさは30～100㎞くらいということなので、桁違いに大型だったのです。その台風の目が四国や中国地方を通過したため、周辺の紀伊半島に大量の雨をもたらしました。奈良県の上北山村では5日間でおよそ1800㎜というトンデモナイ降水量でした。東京の年間降水量の平均がおよそ１５００㎜なので、わずか４日間で一年分以上降ったという計算になります。

台風による被害では、２００４年の台風20号の死者、行方不明者あわせて98人の被害を超え、平成最悪となりました。また、死者、行方不明者あわせて１００人を超える被害は１９７９年（昭和54年）の台風20号以来のことになり、過去30年以上なかった被害を出したことになります。

そして、引き続いて15号です。「はじめに」にも書きましたが、静岡県に上陸し、東日本を縦断しました。激しい暴風雨のため電線が切れ、84万世帯停電という事態、臨時休校およそ５０００校というこの数字で分かるように、大変な被害とニュースをもたらしました。このように、大型台風が「これでもか、これでもか」と波が押し寄せるように日本列島を襲ったことは今までなかったと思います。実は「彼ら」は「早く気が付いて欲しい」、「早く目覚めて欲しい」というガイアのメッセージを携えて日本に来ていたのです。

（3）ガイア（地球）からの魂を揺るがすメッセージ

この地球を土の固まりと思っている人が多いのですが、実は明確な意志をもった巨大な生き物なのです。そういう視点から使われている言葉が「ガイア」です。イギリスの科学者であり、生物学者でもあるジェームズ・ラブロック（1919〜）は自著の『地球生命圏――ガイアの科学』（訳・星川淳／工作舎）の中で次のように述べています。

「地球はそれ自体が大きな生命体である。全ての生命、空気、水、土などが有機的につながって生きている。これをガイアと呼ぶ」「地球は『大気と水』という2つの有機体としての循環系をもっている。その点では、人間を含めた生物と何ら変わらない。我々も呼吸をしながら、水分、栄養分を体内で循環させている。地球の循環系は単なる物質の物理的循環ではなく、巨大な有機体であるガイアの体内循環として捉えなければいけない」

彼は多くの科学的分析をもとに地球を「明確な意志を持ちながら息づいている生命体『ガイア』として捉えなければいけない」と、繰り返し強調しているのです。

地球に住んでいると分からないし気が付かないのですが、宇宙空間から地球を眺めると、そのメッセージを魂のレベルで受け取ると言われています。実際に、宇宙飛行士たちがそれを体験していますし、中には人生観そのものが変わってしまうほどの衝撃を受けた人もいます。

アポロ搭乗員であったジム・アーウィンは、宇宙から帰還するとNASAをやめて伝道者になってしまいました。その他、画家になった人、平和部隊に入った人、環境問題に取り組んでいる人、精神異常になった人もいます。日本人で最初の宇宙飛行士の秋山豊寛氏は、放送局の記者の仕事を辞めて、田舎で農業をしています。このように見てくると、宇宙におけるガイアとの出会いは大変な衝撃を伴うものなのでしょう。

彼らの言葉を立花隆氏の著書『宇宙からの帰還』から少し引用いたします。

●「何より大きいのは、人生観というか、人生を生きる態度が変わったこと。リラックスして人生を生きるようになった」（ドン・アイリス／アポロ7号）

●「宇宙から地球を見るとき、そのあまりの美しさに打たれる」（ジーン・サーナン／三度の

宇宙飛行の経験者）

●「宇宙体験をすると、前と同じ人間ではあり得ない」（ジョン・スワイガード／アポロ13号）

また、2009年12月から約半年間、国際宇宙ステーション（ISS）に滞在した宇宙飛行士の野口聡一さんは、インターネットを通じて「地球は千変万化で本当に美しい。計約10万枚の写真を撮ったが、決して見飽きることはなかった」というメッセージを地球に送っています。

死ぬほど愛している女性の写真でも、1000枚くらい見ればもういいと思うのではないでしょうか。その100倍の10万枚の写真……、見飽きないという感想をもつこと自体が信じられないことですが、そこにガイアの魅力的で強いメッセージを読み取ることができたということでしょう。

（4）ガイアの悲鳴を耳を澄ませて聞いてください

そのガイアが今、悲鳴をあげています……。まだ多くの人は聞くことができませんが、アセンションを境にして、その声が聞こえる人が確実に増えてくるはずです。

実際に、人間のエゴイスティックな生き方とそれに伴って発せられるネガティブな想念が原因で、大地震、大津波、洪水、干ばつ、巨大台風などの異常気象が起きており、地球環境が危機的に不安定です。それらは「ガイアの叫び声」なのです。

そして、ガイアを絶望的な気持ちにさせているのが、近年の日本人の在り様《よう》、考え方なのです。日本人はもともと「八百万《やおよろず》の神」信仰です。自然の中に神を見いだし、それと心身一体になって生きるのが本来の生き方なのです。実際に日本では自然を神様として敬ってきましたので、木を一本切るにしても罪悪感を抱く人も多いと思います。まだまだ多くの自然が残っていますし、森や林は近隣の人々の憩い、集う場所として公園に整備されたり、時には鎮守の森として神社になったりしています。八幡信仰、伊勢信仰、天神信仰など、神社はそれぞれ独自の信仰をもっています。日本には、そうした神社が、全国で8万余りあります。ところが近年は、自然とともに生きた日本人の心情・心意気が忘れ去られているかのようです。

西洋人は自然を支配・征服することにより、文化、文明を形成できると考えてきました。

そんなこともあり、世界では、1年間に日本の面積の約半分の森林が失われています。国連FAO（食糧農業機関）が、このままいくと100年後には森林がなくなるという警告を出していますが、西洋人の自然に対する考え方が変わらない限り、当然の帰結なのかもしれません。

日本列島が世界の雛形になっていることからも分かるように、本来は日本人がスピリチュアル的に世界をリードしなければいけないのです。ところが、そのような立場にありながらも、近年は他の先進国と同じような考え方になり、開発優先的な考えを持つ人が増えてしまいました。

そして、ガイアの哀しみの声を聞こうともせずに、例えばゴミや吸い殻などを街中《まちなか》に捨てるなどエゴイスティックに振る舞う人が増えています。その絶望的な哀しみが、3・11大震災という形で表わされてしまったのです。

（5）節電のプレゼント――もったいない精神の復権

3・11東日本大震災は電気や水について、その有限性を我々に意識させることになりました。これまで何の問題意識もなく、当たり前のように使っていた電気や水について、考え方を変えざるを得ない状況が生み出されたのです。

しばしば計画停電や節電要請がなされ、実際に電力不足を身近に感じ、それに協力することが日本人として当たり前のような雰囲気が形成されていきました。

ただ、その中で実に多くの人が、自分たちの暮らしが電気という便利なものに支えられていたことを改めて実感しましたし、電気の「有難さ」をしみじみと味わっています。

東日本大震災以前は、「節電」と言っても、ほとんど相手にされないような状況でした。「このまま多くのエネルギーを浪費する生活形態を続ければ、環境破壊も進み大変ですよ」などと声をあげても、あまり聞いてもらえなかったでしょう。場合によっては「バカ」扱いされたかもしれません……。「消費によって経済は拡大していく。経済の拡大は人々の幸せにつながる」――そんな理屈が滔々《とうとう》と語られていたかもしれません。

ところが、大震災による原子力発電所の損壊の影響のため、長期的な電力不足が予想されるようになりました。日本民族は段取りを大事にする民族なので、「こういう理由だから、みんなでこうしましょう」というような話には、極めて素直で従順です。「電力使用制限令」という政令が第一次石油危機の翌年の1974年以来発動されましたが、それに対する批判や反発もなく、社会的に「節電」という風潮がすんなり広がり、極めて短期間のうちに習慣になってしまいました。

街のきらびやかな通りは暗くなり、ネオンサインが消え、看板のライトの光量がおとされました。

私の職場は大口需要ではありませんので制限の対象外ですが、トイレの電気や喫煙ルームの電気・エアコンなどが率先して消されています。大震災前は逆に、私が暖房温度を下げるとすぐ上げられ、冷房温度を上げるとすぐ下げられるという繰り返しでした。「省エネ」とは無縁の職場だと思っていましたので、今の状況には正直驚いています。

2. 日本と日本人の天命

(1) 日本の天命(その1)——世界の盟主日本

天命とは、天上界の神様が定めた使命のことです。国には国の天命、人間には一人ひとりに人としての天命があります。日本に対する神様の意図はその国名や地形、位置などから推し量ることができます。

日本の地形を見てみましょう。地図帳を開いて日本地図と世界地図を見比べて欲しいのですが、日本は世界の雛形になっています。北海道は北アメリカ大陸、本州はユーラシア大陸、本州の伊豆半島はインド半島、四国はオーストラリア大陸、九州はアフリカ大陸、台湾は南アメリカ大陸にそれぞれ対応しています。さらに、エベレストと富士山、琵琶湖とカスピ海、紀伊半島とアラビア半島、能登半島とスカンジナビア半島、地中海と瀬戸内海、対馬はイギリスに対応しています。

そして周りの海を見ると、流氷あり、サンゴ礁あり、そして黒潮という大変強い、生命エネルギーあふれる海流もあります。

この他にも、南アメリカ＝台湾、地中海＝瀬戸内海、カスピ海＝琵琶湖、ヒマラヤ＝富士山など、驚くほど対応しているのは不思議である。

さらにその歴史を見ると、原子爆弾を2回も落とされ、多くの人が放射能に苦しみました。日本は原子爆弾を落とされた唯一の国、アメリカ・イギリスといった大国を敵にまわして戦った国として世界の注目を浴びました。その後、焼け野原から戦後復興、さらには高度経済成長を達成して、瞬く間に世界で2番目の経済大国にのし上がり、再び世界の注目を浴びました。そして今回の津波災害、放射能被害で注目を浴びています。

こうしたことに象徴されているように、日本は人類を日の元（本）の神様の方向に目を向けさせ、連れて行く天命があるのです。宿命的に世界人類の代表としての仕事が与えられているのです。

科学者のアインシュタイン（1879〜1955）も、日本の天命について言及しています。1922（大正11）年に来日、日本の伝統や文化、当時の日本人たちに接して、何かを感じたのでしょう。少し長いのですが、紹介します。

世界の盟主日本

世界の未来は進むだけ進み、その間、幾度となく戦いが繰り返されています。最後に戦いに疲れる時がきます。その時、人類は真の平和を求めて世界の盟主を挙《あ》げなければなりません。この世界の盟主になるものは武力や金力ではなく、あらゆる国の歴史を抜き超え、最も古く、最も貴い家柄でなくてはなりません。

日本の進歩は世界の驚異ですが、今回日本の各方面を視察し、その近代的進歩の外に、さらに日本独自の美点の多いのに関心しました。どうか、それが西洋文明の移植と共に損なわれずにある事を望みます。

世界の文化はアジアに始まりアジアに帰ります。そしてアジアの高峰《こうほう》、日本に立ち戻らなければなりません。我々は神様に感謝します。我々に日本という貴い国を創っていたことを。

アルバート・アインシュタイン

そして彼は「もし私の事情が許すのならば、日本に永住してもいいと思っている」と胸の内を語ったと言われています。

アインシュタインは、ドイツ生まれのユダヤ人理論物理学者です。彼は1879年に生まれていますので、当時は43才の働き盛りです。これはあくまでも推論ですが、老後の余生という年齢ではないので、「のんびり日本で」という考えは毛頭なく、これからの世界のリーダーシップをとるべき日本の「応援」をしたいという積極的な気持ちの表れではないかと思います。

(2) 日本の天命　その2……太陽のごとく生きることを世界に示す

日本の天命について、もう一度別の角度から考えてみましょう。名前からアプローチしてみたいと思います。「名は体を表す」という言葉がありますが、日本は「日の本」、つまり太陽のごとく生きる天命を背負わされているのです。

太陽は光エネルギーを地上に降り注ぎ、すべての動植物の生命を育んでいます。その太陽のごとく、日本は世界の様々な国や民族を照らし輝かせるような宿命を背負っているのです。そして、太陽神である天照大神を目指して日々生きていく姿を復活・体現させ、それをこの日本から世界に広げていく役割があるのです。日本には物欲中心になってしまったこの三次元の物質世界を、神中心の精神世界に転換させる使命があるのです。物欲を追求してもそこに幸せはありません。モノやお金の先に幸せがあると思うのは錯覚であり、砂漠の蜃気楼《しんきろう》なのです。

人間の幸せの原形は、古代の日本人の生き方の中にあります。当時の人々は、アニミズム（精霊崇拝）の考え方を持っていましたので、あらゆるところに神様を見いだし、神様と共に生きていたのです。心も素直にならざるを得ないし、自然な心で人に接することができたと思います。人を嫌ったり、ましてや「いじめ」ということはあり得なかったでしょう。尊大に振る舞うこともなく、お互い自然に大らかに接することができていたと思います。

次に国旗・日の丸ですが、日本の旗が今のデザインに決まったのは、江戸時代の終わり頃です。１８５４年に日米和親条約が調印され、日本船と外国船を識別するために「船舶旗」を定める必要が出てきたのです。

２つの案が示されましたが、両者とも中心に円、つまり太陽を置くことについては同じで、その太陽を赤にするか、黒にするかという配色だけが違っていたのです。かつて、聖徳太子が遣隋使に託した文書の中に「日出ずる国」という表現をしました。日本人の頭の中には常に太陽があったのでしょう。

そして、薩摩藩主の島津斉彬《なりあきら》や徳川斉昭《なりあき》らの進言によって、今の日の丸が船舶旗として採用され、それが歴史の中で日本の国旗として認知されていくことになります。

このように見てくると、日本人の心の中心に太陽＝天照大御神《あまてらすおおみかみ》があったことは明らかです。そして国旗から、「日本人として太陽を意識して、太陽とともに生きなさい」というメッセージを受け取って欲しいと思います。そのためにも早寝早起きを心掛け、朝日に向かって手をあわせ天照大御神に感謝を捧げましょう。

（3）日本人の天命……スピリチュアルに目覚め、宇宙にはばたけ

「誰かに頼んで日本人として生まれた訳ではないので、日本人として生まれたからといって何か義務的なことが生じるのはおかしい」――もっともな論理ですが、実は日本人は一人ひとりその天命を背負ってこの世に生まれて来ているのです。日本というこの稀有《けう》な国に重要な天命があるのですから、その構成員の日本人一人ひとりにも、日本の天命をバックアップ

して、推進するという使命と役割があるのです。

日本の天命については、今回の大震災がかなり明確にガイア意識と天上界の意志を語っています。その意志を読み取るために、震源地である福島沖に注目して欲しいのです。そして、その福島沖を日本地図と世界地図をダブらせながらイメージすると分かりますが、そこは何と、日本列島があるべき場所なのです（31ページの地図参照）。これは何を意味しているのでしょうか。天からの2つの強烈なメッセージが、そこに込められているのです。

1つは、「日本人よ、早くスピリチュアル的に目覚めなさい」と言っています。2つ目は、「目覚めた後、それを宇宙に広げ、世界をリードしなさい」と言っています。重大なメッセージであることをガイアも天上界も分かっていましたので、余震とその年の9月に日本を襲った2つの台風は震源地の「福島」（日本）を意識したのです。

1つ目の「スピリチュアル的に目覚めよ」というメッセージを発している理由は、アセンションという大きな波に、できるだけ多くの日本人が上手く乗ってほしいという願いを天上界の神様が持っているからなのです。目覚めることができれば、アセンションを乗り越え、自身の天命・使命も分かり、生きがいを持つことができるので一石二鳥、いや一石三鳥だからです。

実際に、3・11の大震災を契機として、世の中・社会が大きく転換しようとしています。スピリチュアル的な大きな胎動を感じ、目覚めていただきたいと思っています。

2つ目の「宇宙に広げ、世界をリード……」のメッセージですが、マヤ暦の研究で有名なカール・ヨハン・コールマン博士は、「いよいよ人類は意識進化の最終局面を迎える」と発表しました。それを無事乗り越え、その後の宇宙新時代を築くためにも一人ひとりの霊的な目覚めが必要なのです。その目覚めが闇夜を明るく照らす光となり、世界が明るくなるのです。ひとつの光は小さくても、それが多く集まればまばゆいばかりの明かりとなります。そんな美しい世界にするためにも、一人ひとりの目覚めによる光の結集がどうしても必要なのです。

(4) 現実の不思議な世界を生きる――事実は小説よりも奇なり

私たちは何気なく地球の地上世界で生きていますが、人間という存在を客観的に、正確には捉えられていません。そのことを、そろそろ深く自覚する時期ではないかと思います。

私たちの周りには、文明社会を支えるパソコンや携帯などの便利なツールが数多くあります。自動車、電車、飛行機といった多くの種類の輸送機があります。そして、人類の原始時代から現代までの歴史の流れを学校教育の中で学んだため、相当な文明を築いてきたと誰もが思い込んでいるフシがあります。ただ、それは大いなる錯覚であり、誤解なのです。人類にとって乗り越えなければならない知的な「壁」や「山」は、それこそシャレではありませんが「ヤマ」ほどあるのです。私たちにとって、宇宙や地球、そこに住んでいる人間や動物たちについて、実はほとんど分からないことばかりなのです。

具体的な話をしましょう。宇宙について言えば、コペルニクスによって地動説が唱えられたのは16世紀です。最初に地動説を唱えたガリレオは異端者とされましたが、そのレッテルが解除され、名誉が回復されたのは、1992年ヨハネパウロ2世によってです。まだわずか20年くらい前のことなのです。だから、宇宙の全貌どころか、部分的に少しずつ分かってきたという程度です。最近で言えば、ほとんどすべての銀河の中心には巨大ブラックホールがあること、そのブラックホールから強力な電磁波が出ていること（毎日新聞／2011・9・17）、2つの太陽を持つ惑星が見つかったこと（ロイター／2011・9・16）などがあります。

さらに「光より速い素粒子　観測」（読売新聞／２０１１・９・24）「ニュートリノ『光より速い』……相対性理論と矛盾」（産経新聞／２０１１・９・24）というニュースが飛び込んできました。名古屋大などの国際研究グループが「物質を構成する素粒子の一種であるニュートリノが、光の速度より速く飛んでいる」という観測結果を発表したのです。科学者の中には、信じられないという人もいるので、再度計測をするようですが、発表の通りであるならば、現代物理学を根底から覆すことにもなりかねないし、理論的にはタイムマシンも作り得るとのことです。

また、２０１１年10月にノーベル物理学賞が、宇宙の膨張とダークエネルギーの存在を科学的に証明したアメリカのバークレー国立研究所の３人の博士に対して贈られました。ただ、「膨張」するということは、宇宙は無限ではなく有限ということになり、宇宙の「端《はし》」があることになります。すると「端」の先がどうなっているのかなど、新たな疑問が広がります。そして、宇宙のすべてのエネルギーの73％を占めるダークエネルギーの正体はまだ分からないとのことです。

どれも大きなニュースですが、このように人類は「宇宙レベル」から見れば、まだまだ「よちよち歩き」の段階にすぎません。宇宙の全体像は分かっていませんし、地球や太陽系、銀河系の「宇宙の中の位置」も分かりません。そして、広大な宇宙の中に当然生命体、知的生命体はいるはずですが、現在なお「捜索中」の段階です。そのため、人間は宇宙の中では相変わらず「孤児」のままなのです。

ただ実際には、多くの宇宙人が地球に来て、多くのメッセージを残したり、発したりしているのですが、臆病やとまどい、何らかの意図もあり、充分対応されていません。

次に人間について言えば、私たちは学校教育で進化論を教えられているので、それを正しいと信じ、人間はサルから進化したと思っている人が大多数だと思います。そのため、これ以上先はないので、「ゴールしてしまった。我ら霊長類・人間、万歳！」という感覚があるのではないでしょうか。

ただ、これもおかしな話で、進化論が正しければ、人間からさらに何かに進化するはずですし、その進化は無限なのかという問題も出てきます。進化論者はそれらのガイダンス、あるいは予告をするべきだと思いますが、その辺りについてはなされていません。

今から約２５００年前に古代ギリシアの思想家ソクラテスが「汝自身を知れ」と言いました。彼が言わんとしていることは、「人間は自分自身が何をするために、どこから来て、どこへ行くのかが分からないまま、この世に生まれてきている。自分を深く見つめて、自分自身のことを少しでも分かるように努力しなさい」ということなのです。そして、この命題が現代のこの時代においても通用してしまうのです。ということは、人類は人間の解明、自分自身の解明については、この２５００年間、全く進んでいないということなのです。

もっとも、「人間とは」という命題に対して、宗教界に限らず、様々な方面から様々なアプローチがなされてきました。ただ、どれも決定打にはなっていません。そのくらい、人間そのものの存在の解明は難しきことなのです。

このように宇宙や地球、そもそも人間などについて、その謎の解明がほとんど進んでいないのが現実です。ただ、この不思議さの解明の先頭に、日本が立たなければいけないのです。そこにも日本の置かれた立場と使命があるのですが、あまり自覚されていないようです。

3．2011――プレ・アセンション　その1……激動

（1）激動の世界経済――アメリカ&ユーロ経済が危うい

2011年3月17日の外国為替市場（シドニー市場）で円相場が一時、1ドル＝76円25銭に急伸し、1995年4月につけた1ドル＝79円75銭の最高値を約16年ぶりに更新しました。東日本大震災と福島原発事故とならぶトリプルパンチとされましたが、翌18日の各国の協調介入でその後、若干戻しました。

ただ、その後も円高基調は変わらず、2011年8月、欧米各国の財政危機を背景に、アメリカ国債の格付けの引き下げが加わって、相対的に評価が高い円が買われ、一段と円高が進行し、8月19日のニューヨーク外国為替市場は、一時、1ドル＝75円95銭をつけ、3月17日の76円25銭をあっさりと更新してしまいました。そして、さらに10月22日のニューヨーク外為市場で1ドル＝75円75銭をつけたのです。

このような円高の進行の背景には、アメリカ経済の弱体化とギリシアの債務問題に端を発

したユーロ危機があります。日本の経済は、周知の通り多くの財政赤字を抱えて、足腰は決して強くはありません。ただ、それ以上にアメリカ・ユーロ経済が弱まっているということです。

実際に2011年5月16日にアメリカの財政赤字が法定の上限に達しました。そんなこともあり、8月5日に米国格付会社S&Pは米国国債をAAA（トリプルA）から1段階格下げしAA+としました。アメリカ政府は、S&Pに再検討を促したのですが、無駄でした。70年間も続いてきたアメリカ国債の最高位（トリプルA）からの転落は、金融史の中では一大トピックスであることに間違いありません。これもアセンションに向けての1つの動きとして理解して欲しいと思います。

さらに、その時点でのアメリカの公式の失業率は9.1%であり、長期失業率は6.2%でした。そして、平均失業期間が40週を超えてしまいました。一度職を失うと、平均40週待たないと新しい職が見つからないという状態です。それでも、職が見つかればまだいい方で、結局職探しをあきらめざるを得ない人も多いのです。

アメリカ国民のレベルに目を向けると、特に中流、下流の家庭が追いつめられてきています。その証左が2011年10月に全米各州で起きた大規模なデモです。このデモの原因について、オバマ大統領は当時「経済問題であり、この問題は国内の多くの人びとの失業に繋がっている」（ルナー通信）と語っています。国民のモラルも低下し、コンビニ強盗や凶悪な事件も増えているようです。そして、残念ながら事態がよくなる可能性は低く、多くのビジネスが傾きかけています。ローンを払えなくなった多くのアメリカ人が自宅を失いつつあり、連邦政府はアセンションと巨額の財政赤字に飲み込まれていくと思います。

ユーロ圏の経済については、ギリシャを始めイタリア、スペインの財政危機に対する不安感がユーロ安を進行させています。2011年はほぼ一貫してユーロ安が進行し、2012年1月には「危険水域」と言われていた「1ユーロ＝100円ライン」を割ってしまいました。

ユーロは1999年にヨーロッパ各国で導入されました。一つのヨーロッパを作るという高い理念と理想を目標に掲げ、そのためには通貨統合が必要との判断があったと思います。

ただ、経済力が違う国々が国境を残して、通貨のみを統合すること自体に無理があるのではないかと思います。経済力の弱い国からほころびが出てくると思いますが、強い国あるいは国際的な経済機関がどのくらいカバーできるかが、今後のユーロ圏の行方に影響を与えると思います。

(2) 激動の世界政治……宗教と中国を軸に激しい動き

「最近、世界中あちこちで思いもかけぬことが次々に起こっている。なぜここでこんなことが突然にと思うものが多いが……」これは石原慎太郎氏の「日本よ ― 歴史の復讐」(産経新聞/2011・9・5)の中の一節ですが、彼の鋭い「嗅覚」は現代世界の動向を鋭く捉えています。彼は現代世界の「主要矛盾」(毛沢東)をキリスト教とイスラム教の対立・反発・復讐と捉えます。つまり、世紀をまたいで神の権威をお互いふりかざして、妥協点を見いだすことなく自分たちの正当性を主張。その結果、「歴史的な反発と報復」を繰り返してきたと石原氏は分析します。

そのような座標軸もあるでしょう。そしてもう一つの座標軸は、中国を中心にした動きです。中国は政治は共産主義、経済は資本主義という両刀使いの国ですが、3年前の「リーマンショック」と言われている金融危機を乗り越えて、今や世界の経済大国として君臨しています。年間の経済成長率も10％近い数字が出ています。

これに対してアメリカや日本、ヨーロッパは経済不振、政治不信という状況です。ただ、中国がかつてのアメリカのように、世界を引っ張ってくれればいいのですが、共産主義政権に対する国民の根強い反発もあるようです。それに加えて、中国は指導者の任期を10年と定めているので、２０１２年の第18回党大会で胡錦濤総書記は引退し、習近平国家副主席が後を継ぐでしょう。そこに、不安定要素が発生する可能性があります。

そして世界を引っ張るためには、「素行」が良くなければいけません。クラスの級長が不良では、クラスはまとまりません。誰もついていかないからです。その点、チベットでの虐殺事件、大量の不法コピー製品や毒入り薬品の問題、さらには海軍の近年の日本やベトナム、フィリピンに対する威圧的態度。フィリピン漁船に対する威嚇射撃（２０１１年２月）などリーダーとして首をかしげるような行為がいくつかありました。

さらに中国と親しい隣国の北朝鮮。金日成、金正日と二代かけて完全独裁体制が築かれましたが、２０１１年12月の金正日死去にともなって、その三男の金正恩が後継者として擁立されることになりました。前代未聞の国家指導者の三代継承が行われました。

経済不振が続き、食糧不足が相当深刻なようです。餓死者が出ている模様ですし、栄養失

調で小児病棟に収容された子どもが前年比50％～100％増えているとのことです。（読売新聞2011年1月17日）

そんな折、2011年12月30日に朝鮮人民軍の最高司令官に就任するなど着々と政権の地盤を固めているようですが、年齢が若く、経験も浅いため古参の幹部の力を借りる必要もあるでしょう。

大幅な政策変更はなく従来通りの統治を行う方針だと思いますが、体制自体に無理があるため、今後いろいろなほころびが出てくることになると思います。

天上界の神様は「無神論の国については何かあっても保護しない」と言っておられます。それとあわせて、2012年は両国にとっても区切りの年なので、何か起きそうな予感がします。

（3）激動の大地と太陽

産経新聞の記事（2011年9月2日付）によりますと、3・11東日本大震災によるM

５以上の余震が、９月１日までの約半年間で５５９回に及んだそうです。東日本大震災がそれだけ桁外れの大震災であったことの証明でしょう。

余震を月別でみますと、３月４２７回、４月56回、５月29回、６月17回、７月19回、８月11回と減少していますが、例えばスマトラ沖地震（２００４年／M９．１）では、発生から約５年半後にM７．５の余震が発生しており、まだまだ警戒をゆるめることはできないとのことです。さらに、今回の大震災により内陸部の岩盤のバランスが変わったため、余震域以外の長野県や静岡県でM５〜６クラスの余震が発生しており、東京大学地震研究所の大木聖子助教授によりますと「影響は東日本全域に及んでいる」とのことです。

そのような震災にプラスして、９月には大型台風が２回日本列島を襲い、今までにない多くの被害を引き起こしました。東京は皇居もあり結界が張られているのですが、台風15号は首都圏を直撃しました。電車の多くが運転見合わせでとまり、飛行機も４３０便が欠航しました。

駅にはバス、タクシーを待つ人の長蛇の列。多くの学校が臨時休校となりました。最大瞬間風速40メートルという、観測史上最大の記録を残すほどの大変な暴風雨でした。

最古のアメリカインディアンであるホピ族の長老は、自然災害と生き方の関係について次のようなコメントを残しています。少し長いのですが、引用します。

「全国各地で起きる記録破りの大地震や洪水は、被害にあった人々の生き方を一変させるだろう。人は助け合いの中で、生活を立て直さざるを得ない。財産と尊い人命の喪失を前にして、何が本当に大切だったかを悟るに違いない。安穏と生活していた時には忘れていた命の尊さを身にしみて感じるようになり、自己中心的な生き方から、助け合い、質素に生きるようになるだろう。世界各地で起きる天変地異は、その意味で人類の意識改革に役立つと言える。人類がこうして生き方が少し変われば、最後の時を引き延ばし、さらに意識が変われば、自然界もそれに応えて奇跡を起こすようになるだろう」（傍点筆者）（刑部恵都子『聖書の暗号とホピ預言の超シンクロニシティ』徳間書店）

つまり、自然の猛威は、私たちに生き方を見つめ、反省があればそれを変えろといった一貫したメッセージを運んできているとのことです。真剣に、なおかつ早急に一人ひとりがそれに対応しなければなりません。

加えて地球はそろそろフォトン（光子）の影響をかなり強く受けるようになります。フォトンベルトに地球が初めて入ったのは、1987年3月16日からの1週間。それから、年々期間が長くなり、2012年の冬至に完全突入した後はフォトンを浴び続けることになり、そのうち臨界点に達します。臨界点に達すると、どうなるのか……。例えて言えば、ちょうど電子レンジに、地球が丸ごと入ったような状態をイメージしていただければいいと思います。

つまり地球内部が「熱・エネルギー」を持ち、流動的になり、地殻変動や火山活動が活発になってきます。地殻の温度も変わるので、当然それは潮流にも影響を及ぼします。実際にその前兆は現れています。

これは6月16日（2011年）のニュースですが、岩手と青森の太平洋沿岸の定置網で、マダイが異例の豊漁だったそうです。岩手・宮古では、1日3.5トン揚がった日もあり、地元の漁業関係者や研究者は「理由が分からない」と首をかしげているそうです。また、三陸海岸では、一網仕掛けたところ、6月9日に2～3キロの大ぶりのマダイが1.2トン、10日は2トン、11日は3.5トン揚がったそうです。大規模な地殻変動が進行する中で、地殻の温度が急上昇し、潮流を変化させ、魚の動きもそれに伴って変わってしまった一つの証左です。この様なことが、世界的にいろいろ出てくると思います。

(4) 激動の宇宙

UFOについて、そろそろNHKのニュースで放送、あるいは新聞で報道される日が間近いのではないかと思います。

実際にロシアのメディア「pravda《プラウダ》」は、2010年12月22日に3機の巨大宇宙船が、ひまわり銀河(※)から地球に向かってきていることを伝えています。アメリカのアラスカにある「地球外知的生命探査(SETI)」のHAARP探査システムによりますと、一番大きな宇宙船は直径が240㎞という超大型で、2012年12月に地球に到着すると予測しているとのことです。なお、アメリカ政府も該当事実に関する報告を受けたそうです。

NASAはこれを「エレーニン(エレニン)彗星」と呼んで、全く普通の彗星と言っています。ただ、普通の彗星だと発表している割には、大変な執着心をもって観測していますと言いますのは、7か月未満の間に2181回という観測回数です。他の彗星、例えばレビー彗星の場合は4年半で324回の観測ですが、これが標準だそうです。

別の情報によりますと、ＮＡＳＡは「エレーニン彗星」は、動くスピードが一定でないこと、接近すれば地球の磁場に大きな影響を与えることを認識しているそうです。そのため、1日平均10回という多くの観測が必要と判断し、続けているのでしょう。ＮＡＳＡは「エレーニン彗星」を半ば人工的なものであると認識していると思います。

実際にその通りで、「エレーニン彗星」はガイアの要請を受けて、地球上の意識と周波数の上昇を助けるために、ひまわり銀河から派遣された宇宙船なのです。この宇宙船「エレーニン彗星」は、地球のアセンションにあわせて２０１２年の9月に太陽系に突入してきます。

２０１１年の8月から9月にかけて、突然その「エレーニン彗星」が消滅したというニュースが流れました。発見者のレオニード・エレニン氏からもＮＡＳＡからもコメントが発表されていませんが、これは「エレーニン彗星」がワープしたためであると思われます。３次元物質世界の宇宙の中を飛行していたのでは、２０１２年に間に合いません。時間節約のために他次元にワープしたので、それがこちらの世界からは縮小、消滅したように見えただけなのです。

ＵＦＯについては、インターネットの世界では完全に「公認」されており、情報がさかんにやりとりされていますが、政府レベルにおいては、どの国も認めていません。マスコミも知らぬ存ぜずを決め込んでいます。

しかし、アセンションが近いこともあって、異星人の地球訪問の回数が増えており、実際に目撃情報も増えています。最近では、２０１１年5月8日に新宿上空にＵＦＯの大軍が現れ、目撃者がその映像をネット上で公開して、大きな話題になったこともあります。このＵＦＯは、地球内部世界「アガルタ」製のもので、広報都市テロスのコントロール室からの指令を受けています。なお、３・１１の東日本大震災の際の大津波のすぐ上空に映っていた１機の小型のＵＦＯ、これもネット上で簡単に見ることができます。

２００４年から宇宙は、うお座から水瓶座の時代（周期）に入りました。実は、地球を含む太陽系全部は、黄道面を１周２５０００年～２６０００年の周期で周っています。これを星座の数の12で割ると、約２１５０という数字が出ますので、１つの星座の周期はおよそ２１５０年です。

下の表を見ていただければ分かると思いますが、2つの星座は非常に対照的です。

徐々に水瓶座の特徴が時代や社会の中に流れ込んでくると思います。そして、水瓶座の時代に生きる私たちは、それを傍観者的に受け流すのではなく、自分の生き方としてそのような方向で努力を開始すべきだと思います。そうすれば、時代が私たちを助けてくれるでしょう。

※ ひまわり銀河
1779年にメシャンが発見した。M63銀河のこと。サンフラワー銀河ともいい、銀河の形状がひまわりの花に似ていることからつけられた。

うお座	水瓶座
個性を重視	協調、融和を重視
競争原理	博愛主義
物質的価値観の重視	精神的価値観の重視
男性的	女性的

4．2011——プレ・アセンション　その2……悲惨

(1) 悲惨な福島原発事故

3・11の大震災と大津波により福島原子力発電所は多大な被害を受けました。旧ソ連のチェルノブイリ原発事故と同じ「レベル7」の事故。チェルノブイリ事故が起きたのは、1986年4月のことです。84年から運転を開始し、2年間はほぼ順調でした。しかし、最初の定期検査の際に出力を徐々に下げ、それが完全停止する直前に核爆発事故が起きてしまいました。発電所の所員と消防団員が燃えさかる原子炉の火を消すべく懸命の活動をしたのですが、その中の31人が重い被爆をし、短期間のうちに死亡してしまいました。

このチェルノブイリ事故での強制移住基準を超える汚染濃度が、福島県において6市町村34地点に上ったというニュースが飛び込んできました（2011・8・30）。測定結果によると、6月14日の時点で、セシウム137の濃度が最も高かったのは、警戒区域内にある福島県大熊町の1平方メートル当たり1545万ベクレルでした。調査は約2200地点の土壌を測定して行われましたが、チェルノブイリ事故の強制移住基準を超える濃度の地点があっ

た自治体は6市長村に及びました。
ところで、チェルノブイリ事故から25年余り経ちましたが、現地はどうなのでしょうか。インターネットに「現地レポート」がありましたので、かいつまんで紹介します。

この場所は、チェルノブイリ原子力発電所の4号炉を覆う石棺まで約3．2kmの所です。放射線を測定すると、通常の120倍の値。さらに歩を進めますと、警告音が鳴り、今度は通常の250倍の値を示しました。
ここは汚染された「赤い森」の中心地です。針葉樹からなる約4000エーカ（約16、2km^2）の森は、様々な放射性物質に覆われています。ストロンチウム、セシウム、プルトニウム、そして極微量のウラン。これらは、1986年の4月から5月にかけて、4号炉の炉心が10日間にわたって燃え続けた際に放出されたものです。ほんの数日間で木々は枯れました。それから25年たった今も、ここは地球上で最も生態系が汚染された危険な場所です。

3月に福島第一原発で地震後に起きた爆発は、原発事故の恐ろしさと悲惨さを改めて世界に認識させることになりました。それと同時に、原子力発電そのものについて、その必要性も含めて真剣に論議をしなければいけない時期になったのですが、ガイアはもともと原発はいらないと思っているのです。

チェルノブイリのあのような大きな事故がありながらも、世界の原発の数は着実に増えて、運転中のものは世界で436基、建設中のものを合わせると511基です（2011年統計）。ちなみに、日本は54基あり世界第3位ですが、2011年10月現在、運転中のものは11基です。トップはアメリカの104基で、2位はフランスの59基です。日本の原子力政策は、それをさらに「推進」するという方針でしたので、実はガイアは危機感を抱いていたのです。

（2）悲惨が拡大する原子力発電所事故

福島の原発事故があったすぐその後に開かれた閣議後の会見で、与謝野馨《かおる》経済財政担当相は「日本中どこの地域を探しても、環太平洋火山帯の上に乗っている国だから（地震が多いという）その運命は避けようがない」と述べ、さらに「将来とも原子力は、日本の社会や経済を支える重要なエネルギー源であることは間違いない」と語り、原発推進の立場を明らかにしました。

その見解が発表された当日の早朝、東京電力は福島第一原子力発電所の放水口付近で行われた海水のサンプリング調査の結果を発表しています。ヨウ素131は規制値の126．7倍、セシウム134は24．8倍、セシウム137は16．5倍でした。コバルト58は規制値を下回りました。

3・11の大震災の発生以降、日本各地で震度4以上を記録した地震について、気象庁がまとめています（『ニュートン』2011年7月号）。その資料によると、3月11日から4月10日までの1か月で102回、4月11日から5月10日までの1か月で41回起きています。

この中で福島県浜通りを震源とする地震は、3月11日から5月10日までの2か月で、震度5弱が4回、5強が3回、6弱が2回起きており、「ほとんど群発地震とよんでもよいレベル」（遠田晋次　京大防災研究所准教授）で地震が起きています。これらの地震が福島の原子力発電所をボディブローのように攻めていたのです。

ここはもともと地震活動が活発ではなかった地域なのですが、今回の東日本大震災により、普段とは異なる方向の力がかかるようになり、地震が頻発するようになったと言われています。

ただ日本列島の周辺は、海側に太平洋プレート、フィリピンプレート、陸側に北アメリカプレートとユーラシアプレート、計4枚のプレートがせめぎあっています。日本は、いつどこで地震が発生してもおかしくない世界有数の地震地帯なのです。

こんな地理的条件の中で、原子力発電を推進する方針が基本的に誤りなのです。ガイアは原子力発電を大変嫌っています。天上界も、強硬手段をとってでも原子力発電からの撤退を行いたいと言っています。日本列島のみならず、世界各国の原子力発電は２０１２のアセンションを前に、危険水域に入ったのだと理解して欲しいと思います。

国民の世論も、そんな天上界の動向に敏感に反応しています。朝日新聞が6月11、12（２０１１年）の両日実施した電話による全国世論調査によりますと、「原子力発電を段階的に減らして、将来はやめる」ことに74％が賛成と答えました。この国民の声を政府はどのくらい真剣に聴き、政策として対応できるかという問題になってきました。

(3) 食糧をめぐる世界の悲惨な状況

「国連ミレニアム宣言」がなされたのが、2000年9月です。ニューヨークの国連本部において189の加盟国が参加して採択されました。その宣言は、8つの章と32の主要目標からなるのですが、その中で、「2015年までに1日の所得が1ドル以下の人口の比率、および飢餓に苦しむ人口比率を半減する」という決議がなされましたが、飢餓人口は逆に増え続けており、世界ではおよそ7人に1人、およそ9億2500万人が飢えに苦しんでいます。

地域別では、以下の通りです。

- アジア・太平洋地域　5億7800万人
- サハラ砂漠以南のアフリカ　2億3900万人
- 中南米　5300万人
- 中東・北アフリカ　3700万人

開発途上国における爆発的な人口増加、2007年から2008年にかけて起こった食料価格の高騰により、食糧があっても手に入らない(買えない)状況の中で、2009年には

穀物の需要量、生産量、期末在庫率の推移

○　世界の穀物需要量は、途上国の人口増、所得水準の向上等に伴い、1970年に比べ2.0倍の水準に増加している。一方、生産量は、主に単収の伸びにより需要量の増加に対応している。
○　2011/12年度の期末在庫率は、生産量が需要量を上回るものの、20.6%と2010/11年度（20.8%）に比べ低下する見込み。

□　穀物（米、とうもろこし、小麦、大麦等）の需給の推移

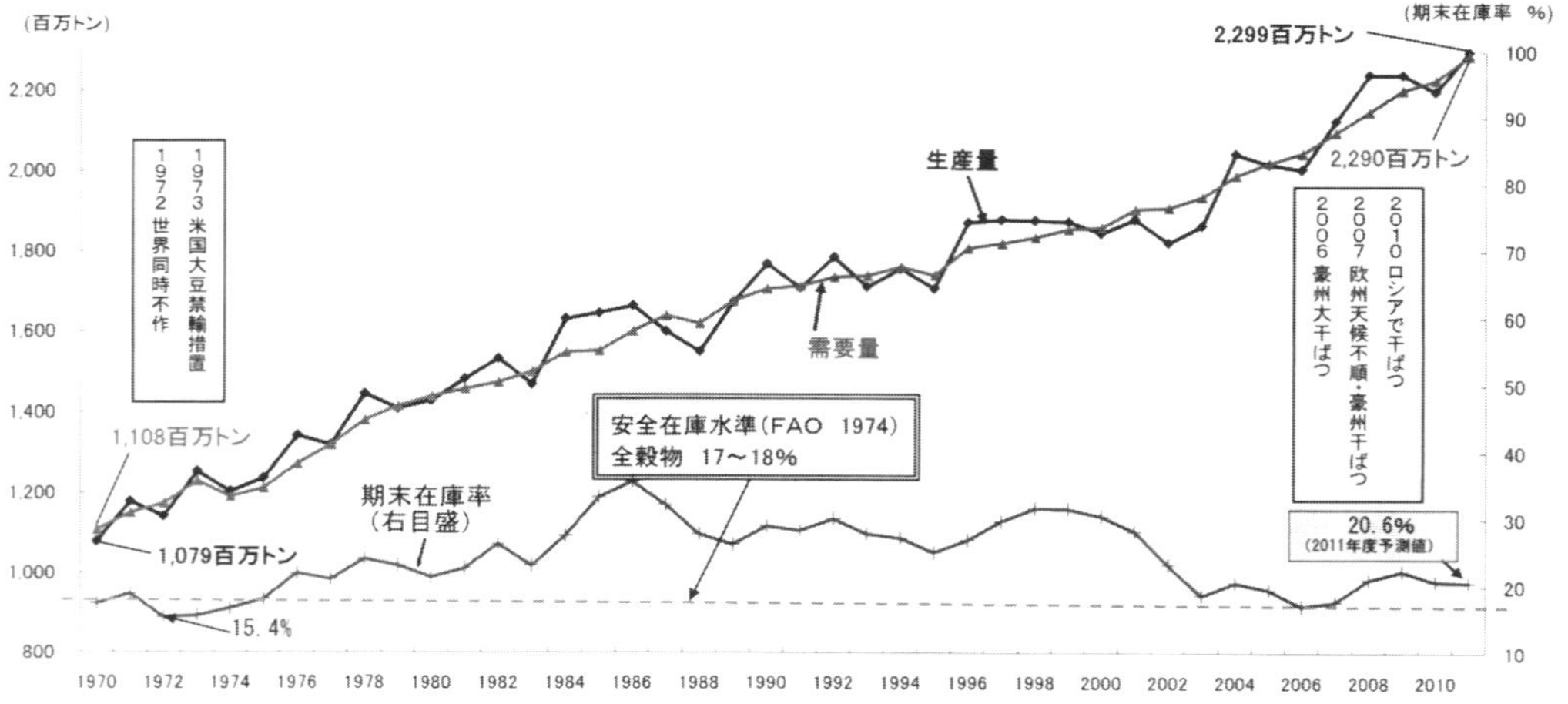

資料：USDA「World Agricultural Supply and Demand Estimates」(January 2012)、「Grain:World Markets and Trade」、PS&D」
（注）なお、「Grain:World Markets and Trade」、「PS&D」については、公表された最新のデータを使用している。

ついに10億人を突破してしまいます。2010年の推計では9億2500万人で前年より減ったものの、世界人口の16％を占め、深刻な状況は変わらないままなのです。

そこで世界の食糧生産を調べてみますと、順調に右肩上がりのグラフとなっています。（グラフ参照）

飢餓人口が急増した2008年の世界の穀物生産量は22億トンと過去最高を記録しています。これを世界の人口68億人で割ると一人あたり年間320キログラムになります。ちなみに、日本人が実際に食べている年間穀物量は、一人あたり160キログラムです。その2倍の量なのです。

穀物以外に、世界では野菜や肉、魚などが消費されていることを考えれば、数字上は世界のすべての人が食べられるはずです。それにも拘わらず、どうして飢餓人口が増えるのでしょうか。それは、穀物が投機の対象、マネーゲームの対象として注目されているからです。穀物価格が高騰し、貧困層に穀物が行き渡らない状況が作られてしまっているのです。

実際に食料価格が高騰した2007年から2008年にかけて世界各地で食料を求める暴動が起こり、ハイチやカメルーンでは死者が出ています。食べ物をどう分配するのかというのは、極めて政治的な問題です。なにもしなければ、食料や資源を巡って、場合によっては国家間の紛争・戦争になることも充分考えられます。そうならないように、国際的なルール作りの検討やさまざまな流通システムの開発と整備が求められるのです。しかし、現在においてもその対策や協議などについて、今後の予定は明らかになっていません。

(4) 悲惨な行方不明事件——CCD事件

ミツバチの大量失踪事件がアメリカ全土で起きたのは、2006年末から2007年冬にかけてのことでした。『日経　サイエンス』の2009年7月号の記事「蜂群《ほうぐん》崩壊症候群(CCD)消えたミツバチの謎」によりますと、養蜂家のハッケンバーグ氏は3000箱の巣箱を持っていたのですが、その冬が終わるまでに残ったのはわずか800箱。2200箱分のミツバチの大量失踪事件が起きたのです。「まるでゴーストタウンのようだった」とハッケンバーグ氏は言います。

この事件は「蜂群崩壊症候群(CCD)」と名付けられ、専門家による本格的な調査が始まったのですが、原因究明もままならず、さらに有効な対応策を打ち出せないまま次の冬を迎えました。ミツバチの大量失踪はさらに規模が拡大して、ベルギー、オランダ、イタリア、スペインといったヨーロッパ各国においても、同様の被害が報告されるようになったのです。
そして、このＣＣＤは日本にも飛び火しました。２００８年にその現象が見られ、翌年に農林水産省が緊急調査をした結果、21都県でミツバチが不足していることが分かったのです。ミツバチはハチミツを作ると同時に、リンゴ、メロン、ブルーベリー、いちご、アーモンドなど様々な農作物の授粉作業を担っています。野菜や果物の生産において、人間が口にする食品の3分の1はミツバチの「恩恵」を受けているとのことです。「もしハチが地球上からいなくなると、人間は4年以上生きることはできないでしょう」という言葉がアインシュタインが残した予言として伝わっていますが、ハチの働きはそのくらい人類にとって重要なのです。

ＣＣＤはガイアからの警告であることを、人類は真摯《しんし》に真正面から受け止めなければなりません。相変わらずの生態系破壊、環境破壊を繰り返し、何の反省もしない人間たち。個人レベルにおいては、エゴイスト丸出しの行動。そんな状況の中で、２０１０年にまたガイアが新たな警告的行動に踏み切りました。２０１０年の年末から１１年の1月にかけて、世界各地から鳥や魚たちの大量死事件が報告されました。そのニュースのいくつかを紹介します。

- 南米のチリ　約1500羽の鳥の大量死
- スウェーデン　約50羽の鳥の死体の発見
- アメリカのノースカロライナ州　100羽以上のペリカンの大量死
- アメリカのメリーランド州　推定200万匹の魚の大量死
- イギリス　数千匹のカニと魚の大量死

5．2011～12までの行動原理　その1……真の人間、つまり人になるために

(1) 一日一善

一日一善というのは、ご承知の通り、一日のうちで最低一つは善いことをしようという意味ですが、善を一つして、後は悪いことをしてもいいのかというと、もちろんそうではありません。これは心を向ける方向を言っている言葉です。つまり、「自分の心を常に善なるものに向けていれば、一日のうち少なくとも善なる行いが一つはできるでしょう」という教えなのです。

善なる行い——具体的には、空き缶やゴミを拾うことであったり、お年寄りに席を譲ることですが、一般的な定義となると難しいかもしれません。あえて定義をするならば、「自然や人間界に属している動植物や人間が生活したり、生きていく上でプラス・利益になること」ということになるでしょうか。

人間は社会的動物なので、一人では生きていくことができず、多くの人々の手助けが必要です。それは食べ物も含め、身につけている物、周りにある物のほとんどすべてと言ってい

いくらい、他人が作ったということからも分かります。食べ物は、実は動植物の尊い生命《いのち》の「お裾《すそ》分け」なのです。「科学万能時代」という言葉がありますが、実は人類は食べ物一つどころか、大腸菌一つですら、いまだに作り出していません。そのことを冷徹に見つめ、自然に対してもう少し謙虚にならなければいけないのではないかと思います。

このように人間はほとんどすべてを周りに依存しているため、無意識に善的な信頼感をもって生活をしています。そのため、特に考えなくても、感覚的にこれは善、これは悪ということが一瞬のうちに分かります。

ところが近年は、個人主義と無関心が蔓延して、人間と人間との繋がりが薄くなってきていますので、頭で善ということが分かっていてもそれを実行する行動力が衰えてしまっています。そのため、電車内でお年寄りが立っていても、空き缶がコロコロ転がっていても我関せずという態度をとる人間が確実に増えてきています。嘆かわしいことですが、実は人間以上に神様が嘆いているのです。そして、ガイアは「我がもの顔でこの地球を使わないで、もう少し遠慮して考えて使えよ」と言っています。

「積善の家には余慶《よけい》あり」（『易経』）、「陰徳あれば陽報あり」（『准南子』）という中国の故事があります。2つの故事はおよそ同じようなことを教訓的に述べています。善を積み重ねる行為をすることにより、その人の関わっている世界が喜びや幸せで満ちあふれます。まさに、善は善を呼ぶように拡大し、光輝いていくという意味です。ちなみに、「陰徳」は隠れた善行の意味です。

前者の「家」は家族という限定的な意味ではなく、その人が関わっている生活空間すべてを指します。つまり、個人から家庭、地域から国家・社会全体に広げ、すばらしい3次元世界にしましょうというメッセージが込められています。古典からも、時には素直に学ぶ姿勢が大事です。

「善を積み重ねることと、アセンションがどう関係があるのか」と思われるかもしれませんが、アセンションとは善き社会への次元アップです。一日一善を心掛けている人間が、善き社会の一員になる資格を得ることができるのです。そして、少しでも善いことを進んで行うようにしていけば、「あなた」という存在自体が光り輝き始め、周りに光の輪を広げることになるでしょう。ただ、その光の輪はスピリチュアルなものなので、普通の人間には通常見えませんが、天上界からは分かります。だから、一善と言わず、二善、三善と積み重ねることが、人間を真の人間、つまり人にし、よき社会の成員になることができます。

人間と人は違います。人間の「間」は、人になるには「まだ『間』があいているよ」という意味なのです。人間は性善説的に創られていますが、まだ人間の段階では、善人にも悪人にもなりえます。他の動物と違い人間だけが、その人生と人格を自分で創ることができるのです。善を積み重ねることにより、人となることができます。

人となれば、人間に戻ることはありませんし、悪しきことはせず、善き方向に心が向いていますので、必然的にそのような行いをします。そうした「人」の集団がアセンションの社会なのです。

(2) 世のため　人のため

教員をしている友人の話です。「世のため人のため」ということを小学校の子ども達に話したそうです。その後、保護者から「自分が幸せになることを第一に教えて欲しい」という意見をいただいたそうです。

確かに、日本国憲法はその13条において「すべて国民は、個人として尊重される。生命、自由及び幸福追求に対する国民の権利については、……最大の尊重を必要とする」という規定があります。保護者の主張は憲法の趣旨に合致してはいるのですが、この規定は、戦前の行きすぎた全体主義思想に対する強い反省の上に立って書かれたものなのです。つまり「お国のため」に、すべての個人の権利や自由や生命までも「わがまま」「ぜいたく」という理窟で踏みにじってしまってご免なさい、という反省です。ただ、この13条は個人と国家を対立したものとして捉え、個人の福利が優先されることを謳《うた》ったものではありません。一人ひとりが人間として、その生命と人格が尊重されるという意味であり、国家・社会もそのことを深く自覚しましょうと言っているのです。そもそも、人間は決して一人では生きられない動物なので、一人の幸せと全体の幸せを切り離して考えること自体に無理があるのです。

さらに、保護者の主張は、広い宇宙の生命原理の法則――「いただいた生命《いのち》、生かされている生命《いのち》」――から外れています。確かに現代を象徴する話ですが、そこに一抹の淋しさを感じるのは、そういった理由からなのでしょう。

自分の生命が花ひらく舞台は、自分が生きている現実の社会です。その舞台を整備して輝かせておけば、自分の生命の花も光り輝くと思うのです。「世のため、人のため」という行動原理は、最後には自分にまっすぐ跳ね返ってきますし、そのように絶えず考えお互い行動していれば、良き想念でこの地球が満たされ、国・社会が光り輝き、その輝きが自分のところにも届くので、結局は幸せを掴めることになるのです。

(3) 自然に感謝、食べ物に感謝

母なる地球はもとより、この地球に住む動植物すべての生命に対して感謝の気持ちをもつことが重要です。人間はともすると、一人でも生きていくことができるという錯覚をしがちですが、考えてみれば、私たちが食しているものは動植物の尊い生命なのです。

普段何げなく口にいれている牛肉、豚肉、鶏肉など今や日本人の食生活に欠かせないものになってしまいましたが、それら家畜と呼ばれる動物たちは、狭い畜産場において飼育され、屠殺《とさつ》されています。

前にNHKで放送していたのですが、動物たちは、屠殺場に連れて行かれることを察知すると食欲をなくすのです。そして、実際に屠殺場に連れて行かれる時には、必死の抵抗をして涙を流すこともあります。しかし、どんなに抵抗してもそれは虚しく、麻酔などをすることもなく、機械的に処理されていきます。そんな動物たちの悲しみの声と気持ちを時には、思いやって欲しいと思うのです。

何も、ベジタリアン（菜食主義者）になれとは言いませんが、できるならば日本古来の伝統食で、穀類、野菜を中心にした和食をベースに食事メニューを考えていただきたいと思います。

そして、食事をする時に、このように生命を分け与えてくれた動植物たちに、「(生命を)いただきます」と感謝の気持ちを込めて唱えて欲しいと思います。

次に、胸いっぱいに吸うことができる酸素があることを感謝してください。新鮮な酸素を供給してくれる森林や植物の存在に感謝をしなければいけません。植物の活躍の場所である大地と、それを育んでいる太陽の恵みにも感謝をしなければなりません。さらに、豊かな自然にあふれるこの地球に生まれ、育まれ、生きていることに感謝してください。

中には、そのような感謝の念や気持ちを持ったところで何になるのかと考える人もいるかもしれません。その点について一言付け加えるならば、人間の考え・思考や感情はエネルギーであるということです。エネルギーということは、空間へ送信・放出されるということです。喜びの感情は、「喜びのエネルギー」として空間へ放出されます。人が考えたり、思ったり、喜んだりしたことやイメージがエネルギーを生みだし、そこに状況が形成されていきます。

人間の心は、簡単に言えばひとつの発信機です。想念にもポジティブなものもあれば、ネガティブなものもあります。ポジティブなものであれば、見た目に美しく、明るい雰囲気がその空間を包んでくれます。逆に、ネガティブなものであれば、黒いスモッグのような煙がその空間を埋め尽くします。ポジティブでさわやかなエネルギーを、感謝の気持ちとともに発していただきたいのです。

先に紹介しましたが、宇宙飛行士たちが見た地球は、一つの生命体としてのガイアです。その発見を宇宙飛行士たちは感動とともに、様々な言葉で表現していますが、そのような「生命体」であるならば、善きエネルギーによって満たされていることが重要でしょう。悪い混乱したエネルギーに絶えず曝《さら》されているようであれば、ガイアはそれを取り除こうとします。それが地球の異常気象や変動として現れることになります。近年の異常気象は、人間の悪しき想念が引き起こしているのです。だから、正確に言えば「人災」なのです。

（４）もったいない（MOTTAINAI）精神の実践

環境分野で初めてノーベル平和賞を受賞したワンガリ・マータイさん（ケニア環境副大臣、２０１１年死去）が日本語の「もったいない」という言葉を大変気に入って、環境保護の合言葉として世界に広める決意をされたのが２００５年のことですが、そんなこともあり、「もったいない」が国際的に少し有名になりました。

「もったいない」の語源は、仏教用語の物の本来のあり様《よう》という意味の「物体《もったい》」を否定する言葉であり、それが庶民の間に広がり定着したのだと考えられています。「散っていく花びら」や「溶けていく雪」など自然が織りなす変化《へんげ》に対して、慈しみや哀しみや感謝の心情をもって日本人は接してきました。そんな歴史と文化が根底に流れているのです。

「もったいない」の言葉には、自然に対する考え方や接し方がその背景にあるのですが、もともと西洋においては、自然は征服するものという観念が強いため、そのような言葉が生まれなかったのでしょう。実際に、この言葉には自然やモノに対する尊敬、愛着といった意志・気持ちが込められており、言語学者に言わせると、この言葉にピッタリ対応する言葉が他の国にはないということなのです。

そして、「もったいない」の言葉の背景には、「まだ使えるので、捨てるな」「直して使え」「使える部品を残せ」「別の使い途を探せ」といったメッセージがあります。つまり、「もったいない」の言葉は、大量消費、大量廃棄の対極の言葉なのです。そのような観点から、この言葉が環境保護の合言葉とされたのだと思います。

ただ、「もったいない」の意味とそのニュアンスが日本人、特に若年層を中心に伝わっていないのではと思われる状況があります。そんなことに危機感を持たれたのか、東大の名誉教授で元国立環境研究所長の石井吉徳氏が中心となって2006年に「もったいない学会」がつくられました。その学会は、2007年には特定非営利法人（NPO法人）となり、「生活の無駄をなくすことが『もったいない』の精神であり、ものを大切にする心を呼び覚ますことが必要」と訴えています。

そのような先進的、献身的な動きがあることを評価しつつも、逆に考えれば、それだけ日本人の多くが「もったいない」精神を忘れてしまっている現状があるのでしょう。もっとも、1960、70年代の高度成長期を経て、大量生産、大量消費、大量廃棄の時代の中で、モノを大事にしない風潮が知らず知らずのうちにつくられていった状況があり、仕方がない面もあるのかもしれません。

実際に、「日本の環境配慮度は世界の先進国中最下位」（世界銀行報告書／2007年）という嘆かわしい状況です。環境保護にとって大切なことは次の4Rです。常に意識して、ガイアにとってよき環境を創っていきたいものです。

● リデュース（Reduce）……ゴミになりそうなものを、買わないようにしよう。
● リユース（Reuse）…………ものの寿命を最大限に生かす。バザーなども利用する。
● リサイクル（Recycle）……ゴミも資源になるものがあるので、それを分別、再利用する。
● リスペクト（Respect）……モノにも命があると思うくらいに大事に扱う。

ぜひ「もったいない」精神をよき環境づくりの合言葉として広めていきたいと思いますし、世界でも日本が環境に対して意識が高い国として有名になって欲しいと思います。

(5)「宇宙光浴」のすすめ

アセンションに向けて、各自が自分自身の肉体を5次元領域の意識レベルに引き上げる必要があります。5次元領域の意識レベルになれば、所謂《いわゆる》「霊性の目」が開いた状態となり、霊的な情報が瞬時に入ってくるようになります。また、他人の心の中を見通せる力を得ることになるでしょうし、霊視・霊聴能力を持ちますので、この世を去った人との魂の交流・コミュニケーションをはかることができるようになります。

2012のアセンションの本格的突入を前にして、宇宙からのフォトンの光のシャワー(放射線)の量が確実に増えています。2011年の4月29日を境に、また一段と流れが強くなっています。本当に、時代が急速に変化しています。ですから、今のこの時期をチャンスと考え、積極的に意識レベルを引き上げるべく努力をして欲しいと思います。その方法の一つが「宇宙光浴」です。

「宇宙光浴」というのは、神社やパワースポットに行って、宇宙から降り注いでいる宇宙の光エネルギーを浴びることです。そのような場所は、絶えず宇宙の光エネルギーが降り注いでいます。特に何も考える必要はありません。逆に余計な事を頭で考えると効果がなくなります。光エネルギーをおへその下の「丹田」で受け止めるような気持ちでいるといいと思います。というか、「霊性の目」を開かせるためには、丹田に意識を持たないとダメなのです。

パワースポットについては、場所も含めて詳しく解説している本が出版されていますし、インターネットで検索してもいいと思います。神社は日本全国8万社、いたるところにあります。ただ、時間が本当にないという人は、太陽を5分間くらい拝んでください。手を合わせて、太陽の光を額（松果体）で受けとめます。それだけでも、効果はあります。ただ、昼間の太陽5分間はかなり厳しいと言いますか、はっきり言って無理です。さらに紫外線による「シミ」も心配しなくてはいけないので、明け方、あるいは夕方がいいと思います。

そのような努力をして、とにかく次元領域をできれば5．1、少なくとも5．0次元にする必要があります。5．1に上昇すれば、友好的な宇宙人たちの宇宙船を感知することができます。実は、友好的な宇宙人たちは、地球上空と地球内部の「アガルタ」世界を行き来しています。それを見ることができますし、実際に彼らは自分たちの姿を目撃されることを承知で、わざと5．0に下げてデモンストレーション的に飛行することもあるのです。

6．2011〜12までの行動原理　その2……光輝く人になるために

(1) 神仏とともに過ごす日々

もともと日本人は、太古の昔から神様に祈りを捧げ、神様とともに歩んできました。その証左が『古事記』や『日本書紀』の中に書かれている神話の存在です。そして、全国には約8万という数の神社があります。その「大元締め」の伊勢神宮が三重県のあの地に建立されたのは、垂仁《すいにん》26（237）年で、今からおよそ1800年前のことです。それ以来、神様とともに生きた歴史と伝統を築いてきました。それを絶やすことなく、一人ひとりの日本人が受け継いでいって欲しいと思います。

朝起きてから、まず太陽に向かって手を合わせます。「天照大御神《あまてらすおおみかみ》さま」と10回唱えます。そして、最後にゆっくり、ていねいに気持ちを込めて「天照大御神さま」と唱えます。全部で11回唱えることになります。その後、「日本を道徳的にも、政治的にも、経済的にも守ってください」とお願いして、その後、世のため人のためになるようなこと、例えば「東北地方

の1日も早い復興をお願いします」とお祈りします。ただ、くれぐれも自分の利益だけを考えたお願いはしないでください。これを一年365日、毎日行います。天候が雨や曇りで朝日を拝むことができない時は、「お姿は見えませんが、ご挨拶させてください」と前口上を述べて「天照大御神さま」と11回唱えて挨拶します。

家の神棚にお祀りしている神様にも「ご挨拶」をします。その際に、お供えの品――米、水、塩――は全部換えます。榊の水も換えます。お祈りする内容は、例えば「日本の救済と私の魂の練磨と確立の道を完成成就ならしめたまえ」「家内安全、そして、みんなが健康で暮らせる世の中になりますように」などと、自分のこと、あるいは家族のことだけでなく、必ず国家・社会のことをお願いの中に入れます。

自分の生まれ故郷にある産土神《うぶすなかみ》様か氏神の神社へお詣りに行きます。そこは、あなたの魂の家族の先祖に縁があるところだからです。そして、生まれた土地の守護神様と縁が結ばれていればパワーを頂けます。帰省した時には、必ず参拝をしてください。ただ、その帰省が何年かに1回というペースであれば、近くの神社を自分にとっての「聖地」にして、定期的に参拝をしてください。できれば週に1回、月に1回でもかまいませんが、行く曜日、日にちを決めます。自分の生活のリズムの中に位置付けるのです。そうすれば忘れませんし、神様にもその真剣さと真面目さが伝わります。そして、午前中に行くことができるようなスケジュールを作ります。祭りの日以外は、夕方以降は神社には「マイナス」の気を持つ霊が集まってくるため、できれば避けた方が無難だと思うからです。居住地の近くにない場合は、職場の近くでもかまいません。

そして自分の生活圏の中にある森や林、なければ公園を自分の「聖地」にします。なるべく自然が多く残っている所がいいのですが、自分の感性にあった「緑」の場所を探してください。「緑」を通して、自然の感性や見えない霊性と触れ合ってください。日本人は自然の中にこそ神様がいらっしゃるという感性と感覚を持っていましたから、例えば奈良の大神神社のようにご神殿がなく、背後の三輪山そのものの中に神をお祀りしている神社もあるのです。

ただ、そのような感覚はどうも日本人だけが持っているようです。外国から来られた人は、神社の本殿の閉まった扉に対して頭を下げる日本人の姿を見て驚かれるようです。しかし、「神様は普段は姿を現さない」、「自然の中に鎮まっていらっしゃる」という感覚が自然愛護・自然保護の気持ちを醸成していったのだと思います。

（2）自分を見つめ天命を知る

天命という言葉を聞いて、孔子の『論語』を思い出した人もいるのではないでしょうか。あまりにも有名な一節があります――「吾れ十有五にして学に志し、三十にして立ち、四十にして惑わず、五十にして天命を知り、六十にして耳順《したが》う。七十にして心の欲するところに従いて矩《のり》をこえず……」。これは世界一短い「履歴書」と言われているものです。

これによると、天命を知るのは「五十」になってからなのです。孔子ほどの人でも「五十」になってようやく知ることができる天命なので、「人生五十年」の当時において、一般の人の大半は、自分は何のために生まれ、生きているのか分からないまま死んでいったのではないでしょうか。ちなみに「耳順う」とは、謙虚に世の中の声や天の声を聞いてそれに従うという意味であり、「矩をこえず」は社会のルールから外れることなく、その範囲で自分らしく自由に生きるという意味です。

ところで、天命とは、天から授かった使命のことですが、あるという人とそのようなものはないという人に分かれると思いますが、天の神様は一人ひとりの人間に天命、つまりこの世界での役割を与えた上で送り出しています。考えていただければ分かると思いますが、全員が主役のように振る舞う劇では訳が分からなくなってしまいます。一言で言えば「混乱」です。それを防ぐために、地球を舞台にした人類の「世界史劇」の中で、あらかじめ、ある程度「役柄」を決めておく必要があるのです。人類の「世界史劇」は「勧善懲悪」の予定調和の世界として、一つの方向に収束しなければならないからです。

そして、個人レベルに視点を移して考えますと、魂は現世に修行のために来ていますので、多くの役柄を演じるのがその成長にとって良いことなのです。男役、女役ということを含めて、実業家、農民、作家、教員、会社員など、およその方向性をあらかじめ定めておきます。魂は輪廻転生しますので、トータルして考えればいろいろな役割を演じて、その中で魂も成長し、磨かれていくということなのです。

もっとも、人間には自由意志が与えられているので、自由に人生を選択できます。しかし、天上界があらかじめ定めたコースを通る場合はスムースな人生街道ですが、そうでない場合は難儀な人生街道となります。自分の人生で「どうしてこんなにポンポンと上手く物事が運ぶのだろう」と思った場合は、天命の流れに乗っているのでしょう。「人事を尽くして天命をまつ」という言葉がありますが、天命の風が順風なのか逆風なのかを見極めることにより、自分の天命が何なのかが分かる場合があります。

これからの時代は、一人ひとりが自分の天命を自覚し、世の中の歩みを助け、みんなの力でよき社会を創造する気構えが大切です。「天命の自覚」と言うとオーバーかもしれませんが、人間は一人ひとり顔も違えば、性格も当然違います。自分の特性をよく把握して、自分の適性を見いだし、自分にあった職業・進路を探しあてて欲しいと思います。

そのためにも、周りの人の意見に謙虚に耳を傾けるようにしましょう。自分のことは分かっているようで分からないものです。現に自分の本当の姿は死んで魂が肉体から離れてはじめて分かります。

周りの人々はあなたにとって鏡のようなものです。周りの人の声の中に重要なメッセージがあると思って、そのデータを集め分析しましょう。

（3）一日一日を真剣に、笑顔とともに生きる

谷川俊太郎氏の「生きる」という詩をご存知でしょうか。その中の一節に「いま生きていること　泣けるということ　笑えるということ　怒れるということ」というものがあります。この中で、笑いは人間だけができる特権的な行為です。ただ、この笑うという行為は、スポーツの世界では蔑視されていたと言うより、ご法度だったと思います。私は運動部系のサークルに入っていましたので分かるのですが、練習中に選手の顔から笑顔がこぼれていた場合は、顧問の教員から「おいそこ、真剣にやれ」という檄《げき》がまず飛んでいました。「楽しそうでいいね」と言う顧問は、まずいなかったでしょう。

そういった状況に、変化が現れてきているのだと思います。そのように感じたのは、2011年7月、サッカー女子W杯のドイツ決勝大会です。延長60分を入れて、120分を過ぎても決着がつきませんでした。手に汗を握る死闘となり、いよいよ運命のPK戦です。そのPK戦前の円陣。「なでしこ」達の表情を見ると笑顔がこぼれていました。そこがもう一方のアメリカチームとの違いでした。

結果はご承知の通り、ＰＫ戦を３―１で制しての優勝でした。すばらしい快挙です。その快挙を生み出したのが笑顔の力だと思います。そう言えば「笑う門には福来たる」という諺《ことわざ》があります。考えてみれば、いつも眉間《みけん》にしわを寄せて過ごしているようでは、ネガティブな空気に包まれてしまうのかもしれません。笑顔を絶やさずに過ごしていれば、ポジティブな気持ちにもなり、自然に歓喜の道に乗ることができるのでしょう。

それと、２０１１年８月の全国高等学校野球大会の決勝戦。優勝したのが日大三高ですが、その中の６番でセカンドを守る菅沼選手。バッターボックスでいつもニコニコしています。本番の試合でもニコニコしているのですから、当然練習中もニコニコしているのでしょう。そういったことを許す雰囲気が、日大三高の野球部にはきっとあるのだと思います。

これからは、真剣な場面における「笑顔」が、意識的に求められるようになるかもしれません。と言うのは、今までの時代は、個人主義の時代でした。個人がその能力をお互いに発揮し、競争して切磋琢磨する中で、持っている能力を歯を食いしばってでも伸ばしていく。そんな生き方が賞賛された時代の中で、「笑顔」は似合わないと考えられていました。ところが奇《く》しくもスポーツの世界から重要なサゼスチョンを頂いてしまいました。もうそろそろ時代の変わり目だよと……。

これからは「統合」の時代、人間の「ボンド」（繋《つな》がり、絆《きずな》）が大事にされる時代なので、和の力をいかに結集するかが問われることになるでしょう。実際に、笑顔は魔法の力をもっています。その笑顔により、仲間とのコミュニケーションと団結をかち取ることができるようになります。これからは、笑顔はコミュニケーションにとって重要な役割を果たすようになるでしょう。

上手く笑顔が作れるように、鏡に向かって練習してみてください。理由もなく怒ったり、泣いたりすることは難しいですが、笑うことは理由もなくできます。よき笑顔は、素晴らしい人生を運んできます。

再び「なでしこ　Ｊａｐａｎ」の話で恐縮ですが、澤《さわ》選手の優勝インタビューの話です。彼女は「東日本大震災で被災した人、生活苦を強いられている人たちに勇気を与えることだけを考えて戦った」と言っています。そして、「頑張って世界一をとることができれば、弱い人、苦しんでいる人たちに光を与えることができるかもしれない」と言っていました。

「少年よ　大志を抱け」とは、クラーク博士の有名な言葉ですが、明確で社会的な価値がある崇高なビジョンがあったればこその優勝だったと思います。笑顔の裏には、真剣な思いと生き方の追求があったのです。

彼女たち、彼らたちの生き方に見習いつつ、一日一日を真剣に、笑顔とともに生きることを心掛けて欲しいと思います。そのためにも、社会に価値をもたらすことができるような大きなビジョンと目標を立て、その上で笑顔とともに生きようとする決意を持つことが大切です。

そして、これからのアセンションの時代の「人生の旅」は、守護神のスピリチュアル・ガイドとの2人3脚の旅です。ガイドも、しかめっ面をしている人よりも、笑顔の人との旅の方がいいでしょう。共同作業も上手くいくことでしょう。「笑顔が可愛いね」、「笑顔が素敵だね」と言われるように努力してみてください。

（4）母なる地球（ガイア）への許しと感謝を祈りに込める

地球は多くの人間の無礼で驕《おご》った振る舞いに傷ついています。人間は本来は地球の環境を守る立場にあるのですが、今や完全にそれを忘れたかのようです。破壊的な行為もあり、自然環境は最悪の状態です。

そして、ガイアが絶望的な気持ちになっているのは、この問題でリードしなければならない日本人の意識――自然保護や環境美化という意識――がここにきて、急速に離れてきていることです。それはイコール、ガイア意識から離れることです。「日本人も地球を単なる土の固まりとしか見なくなったのか」とガイアも思い始め、それが絶望に繋がったようです。その思いが、様々な天変地異として現れています。

ガイアはもともと西洋人には、期待をしていなかったのです。その原因は彼らの文化・文明観です。自然を支配するところに文化・文明を築くという基本的な発想があります。自然との共生という意識・感覚が弱いので、実際に西洋人の耳は、虫の声を騒音として認識するようです。

ところが、日本人は天地開闢《かいびゃく》の時代から自然の中に神様を見出し、自然とともに歩んできました。自然が織りなす様々な情景——朝日が地平線から昇り、そこに翼を広げた鳥たちの黒い影。朝もやに浮かぶ緑の山々。川のせせらぎにはメダカが泳ぎ、土手の桜が一斉に咲きほこり、それを楽しむかのように鳥がさえずる——に美と愛着を感じてきました。まだ、ギリギリ何とかなりますので、そのような日本人のもともと持っている心情を思い起こして欲しいのです。その上で、一人ひとりの日々の真摯《しんし》な祈りの力が今の地球には必要なのです。

人間の祈る力は、パワーを持っています。祈りというのは、その人の思いや願いを言霊のパワーに乗せることです。そして、実は祈りについての統計科学的な実験は、その回数や内容において欧米ではかなり進んでいます。実験も人間から動物、昆虫、植物というようにいろいろなものを対象にして行われており、そのすべてにおいて祈りの効果が裏付けられています。

祈りも一つのエネルギーとしていろいろなものに作用するのだと考えられています。人間から動物、昆虫、植物など姿・形は違いますが、ミクロの視点から見れば、すべて波動的存在。それ故、祈りのエネルギーの影響を受けるのです。しかも、祈りのエネルギーは時間・

空間を超えて伝わります。これも実験により、証明されています。

そんなこともあり、アメリカ人の82％以上の人々が祈りによる癒しを信じており、アメリカ人の医者の50％が患者のために祈り、43％が医療現場でも祈りを行っているとのことです。


どうか、日々ガイアにお祈りをお願いします。部屋の中からでも森の中でもかまいません。お祈りは時空間を超えるので、大丈夫です。ただ、心の中でガイアをイメージして、気持ちを込めて感謝と許しの言葉を唱えてください。

「ガイアさん。今まで本当に我々人間のために良好な環境をありがとうございました。それにも拘らず、感謝の気持ちが足りませんでした。申し訳ありませんでした。お怒りを納めていただき、どうかこれからも、よろしくお願いします」

もちろん、この通りに言う必要はありません。適当にアレンジしていただいて結構ですが、できれば毎日続けてください。


ただ、その時に大切なのは、第一に自分のためだけに祈らないということです。古代ギリシアの思想家のピタゴラスも「祈るときは、くれぐれも自分のために祈るな」と言っていたそうです。自分のために祈るとその願いはかなわなくなってしまうからでしょう。

例えば「お金持ちになりたい」「幸せになりたい」と願ったとします。その場合、今現在の「お金持ちではない」「幸せではない」というイメージが神様に届いてしまいます。この3次元世界は、原因結果が繋がっている世界（因果応報）ですから、そのイメージが定着するだけなので現状から脱却することができなくなってしまいます。そして自分のことではなく、社会・国家のことを考えてまず祈ります。社会・国家が光り輝いてくれれば、幸せの光が自分のところにも来るようになります。

第二は、ポジティブな言葉をプラスエネルギーとともに乗せて欲しいと思います。マザー・テレサは言っています。「私は反戦運動には参加しませんが、平和運動には参加します」と。これも先に述べたことと同じなのですが、「戦争反対」と叫ぶと、「戦争」のイメージが社会に定着するだけで、「戦争」はなくなりません。ですから、「戦争反対」ならば「平和はすばらしい」と言い、「人種差別反対」ならば「人間みな平等で素晴らしい」と言います。ポジティブな言葉こそが、人を動かし、社会を動かします。

7．2011～12までの行動原理　その3……光輝く日本にするために

(1) パワースポット（神社）に行く ―― 日本と自分のパワーアップのために

パワースポット（神社）に行って、そこでパワーのもとになっている宇宙エネルギーを多く浴びてきてください。ただ、場所によって降り注いでいる宇宙エネルギーのレベルが違いますので、注意をしてください。

さらに、遊び感覚で行くことがないように注意をしてください。昨今のパワースポットブームもあり、その場所でお願いすればかなえてもらえるような感覚を持っている人が増えているようですが、自分自身が全く努力もせずにすべてを神様に委ねても結果は出ません。自分なりに真剣に努力していること、努力できることについて、後もう少しの助力をいただきたいという思いを持った祈りは効果があります。そして何よりも、「世のために、人のため」に祈ります。それが天からはね返って自らのパワーアップにつながっていくのです。

エネルギーのレベルについては、本やインターネットで調べることができます。また、パワースポットの場所は、例えばインターネットで「パワースポット　東京」「パワースポット

八王子」などと入力・検索をすれば、場所も含めていろいろな情報を得ることができます。そして、実際に現地へ行って体感をしてみます。最初のうちはなかなか実感できないかもしれませんが、そのうち境内の木々の枝の張り具合や輝きを含めた雰囲気などから、何かを感じられるようになります。

西行法師（1118～1190）が伊勢神宮にお参りした時に神宮の神々《こうごう》しい佇《たたず》まいに感動して「何事のおわしますかは　知らねどもかたじけなさに　涙こぼるる」とその気持ちを短歌に込めました。私も新婚旅行の時に伊勢神宮に行きました。当時は唯物論者で観光旅行のような気分でしたが、その凛とした雰囲気を今でも印象深く覚えています。

下の表は『パワーかフォースか』（三五館）を著したテービット・ホーキング氏によって測定されたいろいろな宗教の意識レベルです。1000ポイントが最高です。人間のエゴや金銭欲や名誉欲などが組織の中にはびこるようになるとポイントが下がるようです。

宗　教	ポイント
神　道	950 ポイント
仏　教	890 ポイント
ヒンズー教	850 ポイント
キリスト教	498 ポイント
イスラム原理主義	125 ポイント

戦前神道は国家神道と言われ、政治色が前面に出た時代もありましたが、今は原点に戻り、ピュアな民族宗教として国民の間に定着しています。その辺りが、他の宗教に比べて高得点をあげることができた第一の原因・理由だと思います。

(2) パワースポット(神社)や聖地での祈り方

神社の本殿の前に立ち、目をゆっくり閉じ、2礼2拍手した後、頭の中で次のことをイメージします。本殿からの「光」の柱が自分の頭上から入って、喉を通って身体の中心を突き抜いて足元から出てきたその「光」の柱は再び本殿に帰ります。本殿と自分が光の太い輪で結ばれています。その際、気を付けて欲しいのは、なるべく大きな光の太い輪をイメージすることと、その輪がぐるぐる回って本殿のパワーが自分の頭からどんどん流れ込んでいるイメージを持ちます。

そして、もう1つの光の輪をイメージします。2本目は本殿のサイドから出ています。それが胸のチャクラを水平に貫きます。2本目の輪も本殿と私の間をぐるぐる回っています。1本目の輪とちょうど胸のチャクラで交差します。2本の光の美しくパワーあふれる輪が私と本殿をつないでいます。そんなイメージをつくることができましたら、そのまま3分間そのイメージを頭の中で維持してください。3分は意外に長く感じられるかもしれませんが、頑張ってください。

次の3分は私・本殿と地球（ガイア）と宇宙を光の輪でつなぎます。私・本殿から発せられた光の柱が地球の核を通って地球の反対側へ。その後、光の輪はぐるりと回って宇宙に向かって上昇して、再び私・本殿に戻ってきます。壮大なスケールの光の輪をイメージします。今度は光の輪は1本でかまいません。なるべく、太く輝いている光の輪をイメージしてください。イメージできましたら、またそのまま3分間お祈りをします。

終わりましたら、最後に心をこめて「ありがとうございました」と言いながら1礼をします。あわせて6分間のお祈りとなります。長いと思われるかもしれませんが、よその家にお邪魔をして、仮に立ち話で終わるような時でも、5～6分くらいはそこにいると思います。あまりに短いのは失礼だからです。同じ理屈です。ましてや、神様のパワーを頂くわけですから、このくらいの時間は当たり前と考えてください。

聖地の場合も基本的には、同じです。2礼2拍手1礼がないだけです。ただ、必ず目をつむり、手を合わせて、頭を下げてください。

なお、全国的に有名で、ぜひ早めに訪ねて欲しいのは、伊勢神宮（三重県）、鞍馬山（京都府）、三輪山（奈良県）、熊野三山（和歌山県）です。アセンションをうまく乗り切るための不思議な力を得るために、どうぞお出かけください。そしてもちろん、そのパワーを自己中心的に使うのではなく、世のため人のために使うことを強く自覚してください。

（3）国を思い、国土を愛する心を育む

少し古いアンケート（2006年9月実施）で恐縮ですが、毎日新聞の鳥取支局が県内の大学生400人を対象にして実施した「愛国心」に関するアンケートがあります。

かつて日本では、偏狭な「愛国心」――「お国のために死ね」――を強制されたためでしょうか、「愛国心」という言葉に年配の方を中心に身構える人がまだまだいるのかもしれません。「愛国心」を教える人がいなくなってしまったことが、最後の質問の数字に表れています。

ただ、ここで私が言っているところの現代的な「愛国心」とは、「国を思い、国土を愛する心情」のことであり、「自分が住んでいるこの日本や仲間のために、自らの意志で、何か貢献したい、お役に立ちたい」と純粋に思う心です。こうした意識は、当たり前のように誰もが持っていると思います。その心情は実に美しく、誇っていいことであり、「愛国心」の中身なのですが、それが「愛国心」という言葉で表現された瞬間から身構えられてしまうのです。家庭や学校で大人たちがもう少し意識的に、そして丁寧に21世紀的な素敵な「愛国心」と、それを表現する術《すべ》と手順を具体的に教えてあげる必要があると思います。

実際に3・11大震災の後、多くの若者がボラ

● 「愛国心」を感じたことがありますか　（数字は%）

	（全体）	（男）	（女）
はい	77	71	84
いいえ	22	27	16

● どのような時に「愛国心」を感じましたか　（数字は%）

五輪・W杯など	学術文化での日本人の活躍	領土問題など国際摩擦が起きた時	旅行・留学で海外滞在時	日の丸を見たり君が代を歌う時
71	30	22	15	6

● 高校卒業までに、「愛国心」を教わったことはありますか　（数字は%）

	（全体）	（男）	（女）
はい	7	8	6
いいえ	89	89	89

ンティアとして現地に入りましたし、義援金の集まりもいいと聞いています。みんなのために、仲間のために、故郷や日本のために自分のできることで何かをしたいと思う心情を大切に育ててあげることが重要です。

それが生きていく大きな動機となり、エネルギーにもなり、活力となるからです。人間は我がことだけよりも、それが「世のため人のため」に少しでも役に立っていることを認識している時は、多くの力を発揮することができる動物であり生き物なのです。そして、それが勉学や社会で働くことの動機付けになり、その延長線上に「人間の輝き」が出てきます。

そもそも、日本に伝わった大乗仏教は利他行を教えます。他者への施しが自分自身の悟り・解脱につながると有機的に捉えるのです。だから実際に真言宗を説いた空海（774〜835）も、四国・香川県の満濃池《まんのう》の修復事業をはじめ公的活動をしたのです。

与えようとする気持ちが大切で、それが周りに光を放ちます。見返りを求めません。求めてしまったら、それは徳にはなりません。太陽のように見返りを求めず、ただひたすら光とエネルギーを人類と地球に送り続けます。キリスト教ではアガペーと言いますが、その辺りの考え方は仏教と共通しています。太陽のような生き方は、ある意味大変ですが、光は最終的には闇を克服し、闇に勝ちます。その光に憧れて、周りも同じように光輝き始めようとします。それが、日本の社会に広がり、やがて世界にも広がっていくことになります。

(4) 観光立国、そして道徳大国をめざす

2006年に「観光基本法」が全面改正され、「観光立国推進基本法」が制定されました。将来的には観光庁をつくって、観光立国を目指そうという考えのようです。その前文に立法趣旨の規定があります――「観光は、国際平和と国民生活の安定を象徴するものであって、その持続的な発展は、恒久の平和と国際社会の相互理解の増進を念願し、健康で文化的な生活を享受しようとする我らの理想とするところ」(傍点筆者)というものです。そこには観光を国際平和と国民福祉の観点から捉え直そうという意欲を読み取ることができますし、観光立国を積極的に推進しようとの姿勢・考えがあることが分かります。

今の時期だからこそ、この法律を制定した頃の気持ちに戻り、観光立国・観光大国を地道に目指すことが求められていると思います。国際世論もあり、世界から多くの人が集まるよ

うな国を攻撃したり、侵略はしずらいので、趣旨に謳《うた》ってあるように、日本を防衛することにも繋がっていくと思います。そして実際に、世界には、日本という国を興味を持って見つめている人が数多くいます。文化財も多く、温泉設備や娯楽施設も充実しており、交通網も整備されていますし、安全です。全国各地に多くの観光資源があり、地方の経済活性化にもつながり、着眼はとてもいいと思います。

ところで、世界から来る多くの人々に、より多くの感動を与えるのに有効なのは、現地での日本人一人ひとりの心配りであり、対応です。日本人の美しき心を見せることができるように一人ひとりが努力をする。街にはゴミが1つも落ちていない環境をつくる。内面（心）も外面（外見）も綺麗にする。その上での観光立国を目指したいものです。

その点から考えると、子どもから老人までひっくるめて、国民一人ひとりの美しき心を今後、どのように育てるかという課題が浮上してきます。しかし、物質文明が華やかなりし現代において、エゴイズムに陥ることなく心を磨き上げていくのはなかなか容易なことではありません。ただ、もともと日本人はモノよりも心を大事にしてきた民族です。いたずらにモノや金を追い求めるようになったのは戦後なのです。特に、バブル期以降の拝金主義ともいうべき状況の中で、国民の心はズタズタになってしまった感があります。そのことに、今ようやく気付き、拝金主義の虚しさとその先には幸せがないことを学んでいる最中なのです。

「看脚下」という仏教の教えがあります。文字通り、「足許を見ろ」という教えです。足許をふと見れば、ポイ捨てのゴミで汚れた街。国と行政、そして地域が一体となって一大清掃運動をしましょう。地域の道路、公園などの施設をみんなで綺麗にしましょう。国民の心は良き行いをする中で磨かれていくものです。時には、行政に音頭をとってもらう必要もあるでしょう。

ゴミ問題は行政がやらなければならない問題ですが、地域を分担して、時には町の自治会などが住民に提起してやってもらいましょう。そういった姿勢や姿を外国の人にも見せることができれば、海外でも評判が高まるでしょう。子どもたちにも、無言の教育効果を与えるのではないでしょうか。

かつての日本人は農作業を通して、周りの人と力をあわせ、心を通わせることを学びました。

そのようなことがほとんどなされなくなった今、それに代わるものとして、地域の清掃作業を考えたらいかがでしょうか。日本人が本来持っている美しき心を取り戻すことに繋がるのではないでしょうか。日本全体として、観光大国、道徳大国を目指すことが世界の人々に尊敬される道だと思います。

ところで、だいぶ昔に見た映画「続　三丁目の夕日」のラストシーンですが、妙に印象深く覚えています。映画の舞台は昭和30年代ですが、ラストシーンは「親子」三人が橋の上から真っ赤な夕陽を見ているシーンなのです。美しいものは1人で見るより、心を通わした人々と一緒に見た方がより美しく見えます。

日本の国民のすべてが、そのもっている美しき心・スピリチュアルな心を磨き上げ、世界の人々とお互いに心を通わせることができ、きれいな夕陽を一緒に見ることができる真に平和な時代・平和な世界が早く到来することを切に願っています。

8．２０１２　アセンション待ったなし――アセンションに巡り会う幸せ

（1）宇宙体験を地上でする

２０１２年――「アセンション待ったなし」という状況になってきました。２０１２年12月のアセンションに無事巡り会うことができたならば、そのこと自体の幸せを充分に味わって欲しいのです。と言いますのは、それはソフト・ランディングの証左でもあるからです。アセンションの12月21日は２万６０００年の天文周期の最終日です。太陽系は天の川銀河の中心にあるアルシオネ星の周りを５２０００年周期で回っており、12月21日が周期の完結日なのです。そのような歴史的瞬間に巡り会うことを、単純に喜んで欲しいのです。

中には、「それがどうしたの」ということで冷徹な（冷めた）態度や白《しら》けた態度の人もいるかもしれませんが、生まれる前に、このアセンションに遭遇できるような誕生日を希望した人が、かなりいるのです。

２０１２年のアセンションは、神が意識的に宇宙の特定の空間にある星に対して施す進歩

的な処置であり、そのような歴史的な場面に当事者として立ち会いたいと純粋に思って、この時代に生まれてきたのです。現に、まわりの異星人たちもその歴史的場面に臨場するべく、今地球のまわりに続々結集しています。

アセンションの結果、太陽やガイアが意識的に進化し、そのために人間も含めて、そこに生息しているすべての生命も短い期間に次元アップという進化をとげることになります。次元アップ・進化というのは、覚醒であり、いわゆる悟りを得ることになります。今まで、悟りを得るために、多くの時間をかけて修行と修養を重ね、時には滝に打たれるという荒行をする宗教・宗派もありました。それが、そのような努力をすることなく、場合によっては一瞬のうちに覚醒してしまうのです。

それはちょうど、宇宙飛行士が宇宙で遭遇する「神秘体験」に似ています。宇宙飛行士はどうも、大気圏外でフォトンの精妙な光を受けることにより、覚醒してしまうらしいのです。宇宙飛行士のエドガー・ミッチェルは1971年アポロ14号の月着陸船に乗り込み、人類で6番目に月にその足跡を残した男です。少し長いのですが、彼の言葉を紹介します。

「世界は有意味である。私も宇宙も偶然の産物ではありえない。すべての存在がそれぞれにその役割を担っているある神的なプランがある。……すべては一体である。一体である全体は完璧であり、秩序づけられており、調和しており、愛に満ちている。この全体の中で、人間は神と一体だ。自分は神と一体だ。自分は神の目論見《もくろみ》に参与している。宇宙は創造的進化の過程にある。この一瞬一瞬が宇宙の新しい創造なのだ。進化は創造の継続である。神の思惟《しい》が、そのプロセスを動かしていく。……宇宙の本質は、物質ではなく霊的知性なのだ。この本質が神だ」（立花隆『宇宙からの帰還』中央公論社）

こうしたことが一瞬にして分かり、感動的な喜びに包まれたそうです。

アポロ15号の飛行士ジム・アーウィンは「宇宙飛行までは、私の信仰は人並み程度のものでした。それと同時に、神の存在に人並み程度の疑念も持っていました。しかし、宇宙飛行によって、それらの疑念は吹き飛びました。神がそこにいるということが、如実に分かるのです。こんな精神的な内的変化に私自身も驚きました。……神に何を祈っても、神は無言です。それが当然であると私は考えていました。しかし、その時、確かに神が声を出して答えてくれるわけではないのですが、まるで超能力者同士のコミュニケーションのように、神がそこにいるのが分かり、パーソナルな関係の中で語り合ったのです」（立花隆『宇宙からの帰還』中央公論社）と述べています。

2人の宇宙飛行士の言葉を紹介しましたが、彼らの言葉が例外ではなく、本当に多くの宇宙飛行士が宇宙空間で神と遭遇しているのです。そして、その出会いが時には、彼らの人生観そのものを変えてしまうほどの衝撃を伴うこともあったのです。

アセンションの時代においては、今まで宇宙飛行士が経験してきた神との遭遇を、地上世界において、私たち一般人が経験するようになるのです。当然人間一人ひとり霊的なレベルが違うので、覚醒する度合いやスピードはそれぞれ違うものの、神人合一の時代に向けてその第一歩を踏み出すことになるでしょう。

ただ、気をつけて欲しいのは、12年12月21日を境にして急に次元アップする訳ではないことです。現実は、アニメや映画の世界とは違います。その日がスタートの日になり、一人ひとりが統合意識を持ち、それが地域から国、国から世界へと広がります。そして、少しずつ徐々に、確実に5年、10年かかってこの世界はアセンションしていくことになります。

（2）アセンションの時代＝宇宙人とのコミュニケーションの時代

世界には多くの国々がありますが、どの国の政府もＵＦＯの存在や宇宙人とのコンタクトを公式には認めていません。実は、アセンションの時代イコール銀河系宇宙時代なのです。宇宙人との遭遇、コミュニケーションはもう避けて通れない問題なのです。

宇宙人の探査活動に熱心だったカール・セーガン博士によると、私たちの銀河だけでも知的生命が１００万はいるそうです。宇宙には銀河が１０００億あるそうなので、それこそ天文学的な数の文明が存在することになります。逆にそんなにあるのに、地球人はそのうちのたった１つとの巡り合わせもないということから出てきたのが「動物園シナリオ」説というものです。

それは、「地球人はまだ戦争、テロ、飢餓、宗教対立、環境問題などといった問題を解決できずにいる。これらを解決できないのは、極めて知的レベルが低いという証明なので、もう少しレベルが上がるまで直接の接触はしないようにしましょう」という説です。この地球全体が「動物園」であり、オリの中には、黒人や白人、黄色人種がいます。オリの中の人間が行う現実政治とその行方を外から「温かく」、じっと見守ってくれている存在があるという考え方なのです。そして、私たち自身がレベルを上げるべく努力をし、それが宇宙的に認められれば、晴れて宇宙の一員としてのデビューができるというものです。

先に紹介した「月面を歩いた6番目の男」のエドガー・ミッチェルは、「NASA勤務時代にUFOが何度も地球に来たのを知っているし、宇宙人が人類と何度か接触しているが、アメリカ政府はその事実を60年隠し続けてきた」と告白しています。

また、1996年のワシントンで開かれたNASAの会合の中で、火星と月の調査に参加している科学者と技術者たちが、研究の成果を報告しています。その中で、宇宙人たちが月に築いた文明の痕跡を示す多くの人工構造物について発表され、それらの写真やビデオが公開されました。

◎アポロ計画の中で、これまでに、明らかにされたもの

【月面で発見された構造物】

● アポロ10号（1969年）

キャッスル（城）と呼ばれる1マイルにおよぶ物体の写真。高さが14キロあり、いくつかの円筒部と大きな接合部によって組み合わされています。写真の中には、城の内部構造が明確に見えるものがあり、物体の一部はガラスのようなものが使われていることを示しています。

●アポロ12号（1969年）

月面着陸の際に、半透明のピラミッド型のUFOによって監視されていました。そのUFOは月面においてホバリング（空中における停止飛行）し、暗黒の空へ虹色の光を放っていました。

●アポロ15号（1971年）

月の裏側面に葉巻状の構造物を発見。後に、この謎の構造物を調査するために、アポロ20号が1976年に打ち上げられています。

さらに、2001年5月にワシントンDCのナショナル・プレスクラブの大ホールで、約100名のマスコミ報道陣が見守る中、「ディスクロージャー・プロジェクト」（UFO暴露計画）なる講演会が開かれました。この計画の推進者のスティーブン・グリア博士によると、講演会を開いた理由は、ＵＦＯ情報は人類共通で最大の問題だからということなのです。

【証言内容】

● 月を中継基地にして、異星人が地球に来ている。
● アメリカ政府は異星人と密約を交わしている。
● ＮＡＳＡはアポロ計画の写真を修正して公開している。
● 異星人は地球人を誘拐して実験台にしている。
● ケネディ大統領は、アポロ計画の目的を公表しようとして暗殺された。
● ＵＦＯの推進技術を、アメリカ政府が極秘に研究、開発している。
● 湾岸戦争にＵＦＯのテクノロジーが使われた。

さらに、２００２年にはロシアの新聞「プラウダ」から情報が流れています。「プラウダ」は革命家レーニンによって１９２１年に創刊された旧ソビエト共産党の機関紙で、発行部数１０００万部を誇った権威ある新聞です。全訳はインターネットでも公開されていますが、その内容を要約すると次のようになります――「月面で都市が発見される！　地球外文明が活動している様子が、この地球に最も近い隣の衛星・月で確認されたが、この情報はすぐに超機密情報とされた。人類の社会全体を混乱させるような信じられない事実であり、我々人類にそのことを受け入れる心の準備がまだできていないからである」（10月5日）

２０１２年を境にして、宇宙人とのコミュニケーションをどうはかるかということが、重要な問題になってくると思います。

（3）スピリチュアル的な生き方との出会い

２０１２年のアセンションを前にして、人間の意識レベルが上がりやすくなっています。見えないものが見えるようになったり、見えないけれど存在を感じたり、シンクロニシティが多く起こります。シンクロニシティと言うのは、自分が本当に心から思ったり望んだりすることを、天上界の神様が応援するかのように用意してくれて、現実化することですが、自分の心をきれいにして、神様と日常的に対話している人には、それが加速して起こるようになります。

私はお昼のお弁当が食べきれない時、そのまま捨てるのはもったいないので、カラスにあげることがあります。いつもあげる前に目をつむり、山の方に向かってテレパシーを送ります……「カラスさん、カラスさん。食べ物があるので、こっちへ飛んでおいで」。すると、早い時は2～3分、ゆっくりの時は10分くらいですが、来てくれます。いつも同じカラスなのか、ですって？ カラスはみんな顔が黒くてよく分かりません。ゴメンナサイ……。

ただ、テレパシーと書くと、日本では漫画の世界という雰囲気になってしまうのですが、欧米ではテレパシーや霊界のメカニズムは立派な学問・研究の対象なのです。そして、テレパシーも一つの能力なので、急に「ポン」と授かるように体得できるわけではなく、日々の「練習」が大事なのです。私はそのためにも、カラスにテレパシーを送っているのです。これからは、このようなテレパシー能力を持つ人間が確実に増えると思います。

ここから先は、夢物語として聞いていただければいいのですが、今から約1万2000年以上前に現代文明をはるかに凌ぐ高度な文明をもったアトランティスがありました。そこに住んでいた人々はテレパシーを使ってコミュニケーションをとっていたと言われています。

夢のついでの話をさせていただくと、アトランティスにはテレビ、ラジオ、電話といった電気製品はもちろんのこと、飛行機、船、潜水艦もあったそうです。ところが、神をないがしろにする彼らの態度に神は怒り、大地震と大洪水によりわずか一昼夜のうちにアトランティス大陸を海中に沈めてしまったそうです。

わが現代世界の文明も無神論の国もあり、物質主義、物欲主義の波に多くの民が溺れています。何の反省もなく、このまま推移すると本当に神による一撃もありうると思っています。

そうならないためにも、どうかこの文章を読んだあなたは神により指名されたのだと強く自覚して、次の「(4) スピリチュアル的な生き方の実践」をよく読んで、明日からでもさっそく実行して欲しいと思います。一人ひとりの行動が人を輝かせ、その光が周りを照らします。人間は根底のところで、すべて繋がっていますので、一人が光り始めると、その明かりを見て周りがつられて光り始めます。ですから、気がついた人の「最初の一歩」、「最初の一光り」が大事なのです。

（4）スピリチュアル的な生き方の実践

世界はアセンションへの本格的な突入を前にして、極めて大事な時期を迎えています。ただ、２０１１年の３・１１の大震災や台風12号、台風15号や２０１２年の日本海側の大雪などの自然界からのメッセージを解読しますと、「このままでは、ハード・ランディングになる」ということです。

ソフト・ランディングするためには、さらに多くの人の意識の高まりが必要なのです。国家・社会は一人ひとりの国民により構成されていますので、個人個人の努力が極めて重要なのです。

以下、列記しますので、毎日の日課として続けて欲しいと思います。

①お勤め

◎朝

・天上界の神様への挨拶……「この大宇宙を創られた主神《すしん》様。おはようございます。我は○○○○。○○○○に住んでおります。

主神《すしん》様、新しき時代の新しき生き方を多くの人々が理解をし、その実践に足を踏み出し、その結果美しき日本、美しき世界となりますように」

・神棚があれば、水、米、塩、榊の水を取り替えた後、「二礼、二拍手、一礼」をして挨拶します。

「国家の繁栄・安泰と私の御魂《みたま》の錬磨と確立の道を完成成就ならしめ給え」

・仏壇があれば、水、ご飯を取り替えた後、般若心経を唱えます。

※ない場合は、短冊（7㎝×35㎝くらい）に「○○家先祖代々之霊位」と墨で書いたものを用意して、その前に線香立て、水、米をそなえます。

・守護神への挨拶……「守護神様、守護霊様、指導霊様、おはようございます。今日は○月○日です。今日の予定は○仕事○です。今日も一日お導き、お守りください」

・坐禅瞑想をする……10～15分くらい、毎日行います。

・太陽（天照大神）への挨拶……「天照大神様」と手を合わせて10回唱えます。その後、最後の1回丁寧に心をこめて「天照大神様」と言います。

そして世のため人のためになることをお願いをします。

例）「東北地方のすみやかな復興をお願い致します」

「世界の人々が仲良く手を取り合って歩める社会にしてください」

◎夜（寝る前）

・坐禅瞑想をする…5分くらい

・守護神への挨拶…「守護神様、守護霊様、指導霊様、おやすみなさい。今日一日、いろいろお守り、指導いただきありがとうございました」

②食事

・和食中心にします。なるべく、五穀米か玄米を食べる。野菜サラダは少なくとも1日1回は食べます。

・肉食はできるだけ避けます。

・よく噛んで食べます。口に入れる量を少なくし、1口30〜50回、噛みましょう。

③塩の利用

・盛り塩を玄関先、あるいは室内にします。

（盛り塩の風習は、奈良・平安時代からあり、古代の日本人も塩の高い意識レベルを知っていたようです。塩は古くから神様への捧げものというスピリチュアル的な意味を持ち、浄化作用もある生命の源的な働きもあるので、国の東西を問わず大切なものとして使われてきました。

力士が相撲をとる前に、土俵を清めるために塩をまくのは、塩が穢《けが》れを払う力を持っていると信じられているからです。）

④掃除

・自宅の前はもちろんのこと、両隣も半分くらいは掃除をします。

・室内は1日10分でもかまいませんので、必ず掃除をします。

室内掃除は、「捨てる」「整理整頓」「磨く」の3拍子で行ってください。

※神仏はもともときれい好きです。清掃とは、神仏の場所の不浄なものをすべて残らず掃き清め、美しくするという意味があるのです。美しくした所には、神仏が宿ってくれますので、ご加護をいただくことができるのです。

⑤風呂

・風呂に入る前に、塩をチャクラ（第1～7チャクラ）にすり込みます。
（量は1回につき、約300～400グラムくらい使います。かなり贅沢に使います。ただ、すり込むのが痛くて堪えられない人は、お湯に溶かした塩を身体にかけるか、あるいは塩を溶かした湯船に入るのでもよいです）

・塩を使った入浴をします。

・気持ちをゆったりとして、時間も充分かけてリラックスします。

・鏡の前で笑顔の練習をします。

おわりに――浦島太郎の話

「今、人類史上最大のモーニング・コールが鳴り響いています」と未来学者のバーバラ・マークス・ハバード（１９３０～）が言うように、２０１２年のアセンションまで、これから時間がどんどん加速されていきます。目まぐるしく、事態が大きく展開する場面もあると思います。振り落とされないように、時代と地球にしがみついて、どうぞ一日一日を大切に過ごしてください。そのためにも、どうぞあなたの「内なる神」との繋がりを追求し、そしてその時間を大切にしてください。

２０１２年のアセンションを境にして、地球の内部世界の「アガルタ」との交流が徐々に活発になっていくでしょう。その点においても、日本は先導的な役割が期待されています。と、言いますのは、地表から地球内部の「アガルタ」へ通じる入り口は、全世界で４８４箇所存在するのですが、そのうち54箇所が日本にあり、世界で一番の多さです。ちなみに、２番目はアメリカ合衆国の28箇所、次に多いのがオーストラリアの10箇所なので、日本の多さが頭抜けていることが理解できると思います。

「アガルタ」の総人口は約90億人とも云われ、中心部に首都のシャンバラがあります。「アガルタ」は高次元世界です。そして、地上からのネガティヴな波動の影響を受けないように、さらには霊性の高さの維持・向上のため、結界が張られています。そのため、地上世界からは分かりません。逆に、彼らは地上世界のことをよく知っていますし、意識的、定期的に情報を集めています。世界平和にとって危険な地域、調査が必要な地域にはＵＦＯを飛ばしています。地上で見られるＵＦＯの多くは、ここから来ています。２０１１年に東京・新宿で大騒ぎになったＵＦＯ事件、記憶にあるでしょうか。あのＵＦＯもそうですが、３・１１の際に現地に飛来していたＵＦＯも「アガルタ」出身です。

２０１２年を境にして、内部世界の人たちとの交流が頻繁になります。なぜなら、それが宇宙に定められた「きまり」だからです。私たち日本人、そして地球人類は近い将来、彼らと正式にお付き合いをすることになります。楽しみですか？

ただ、非公式ですが、かつて日本人でその「アガルタ」に行った人がいます。名前は浦島太郎と言います。浦島太郎に続きましょう。

参考文献

立花隆『宇宙からの帰還』(中央公論社)
コンノケンイチ『UFOとアポロ疑惑——月面異星人基地の謎』(学研)
坂本政道『東日本大震災とアセンション』(ハート出版)
山川健一『リアルファンタジア　2012年以降の世界』(幻冬舎)
田村珠芳、グレゴリー・サリバン『あなたの前に宇宙人が現れます!』(ヒカルランド)
ジーナ・レイク『アセンションへの道』(ナチュラルスピリット)
白峰聖鵬『日月地神示』(明窓出版)
伊勢白山道『内在神への道』(ナチュラルスピリット)
ゲリボネル、高橋克彦『5次元世界はこうなる』(徳間書店)
刑部恵都子『聖書の暗号とホピ預言の超シンクロニシティ』(徳間書店)

著者略歴

吉住昌美《よしずみまさみ》

1955（昭和30）年、愛知県名古屋市生まれ。

東京都八王子市在住。心霊研究家。

著書　『アセンション入門』（幻冬舎ルネッサンス新書　２０１０年）

2012～　アセンション突入《とつにゅう》！
新《あたら》しい時代《じだい》の新《あたら》しい生《い》き方《かた》のすすめ

吉住昌美《よしずみまさみ》

明窓出版

平成二十四年四月十日初刷発行
発行者――増本　利博
発行所――明窓出版株式会社
〒一六四―〇〇一二
東京都中野区本町六―二七―一三
電話　（〇三）三三八〇―八三〇三
FAX（〇三）三三八〇―六四二四
振替　〇〇一六〇―一―一九二七六六
印刷所――シナノ印刷株式会社
落丁・乱丁はお取り替えいたします。
定価はカバーに表示してあります。

ISBN978-4-89634-301-4
ホームページ http://meisou.com

夢研究者と神

ベリー西村

世界初　夢世界を完全解明。最新科学、宇宙学、量子力学、神学、精神世界を網羅し初めての切口で宇宙創生、時空の秘密をも明かす。

夢に興味のある方必読の書です。後半の「神との対話」では睡眠、宇宙、時間の秘密を神が語っているのですが、その内容は正に驚愕。
夢のみならず科学、神学、精神世界に興味のあるすべての方に読んで頂きたい本といえます。

一．夢の本はつまらない／二．夢は三世界あった／三．夢は白黒？／四．夢判断、夢分析は危険／五．脳が作り出す夢の特徴／六．脳夢を楽しもう！／七．脳のリセット方法／八．繰り返し見る夢／九．入学資格テストの夢／十．境界意識夢／十一．驚異の催眠術／十二．自覚夢（明晰夢）の体験方法／十三．自覚夢の特徴／十四．魂の夢／十五．睡眠で得る健康・若さ維持／十六．アルファ波の確認方法／十七．時空を超える夢／十八．予知夢／十九．覚醒未来視／二十．夢での講義／二十一．神との対話

定価1500円

「大きな森のおばあちゃん」　天外伺朗

絵・柴崎るり子

象は死んでからも森を育てる。
生き物の命は、動物も植物も全部がぐるぐる回っている。
実話をもとにかかれた童話です。

定価1050円

「地球交響曲ガイアシンフォニー」
龍村　仁監督 推薦

このお話は、象の神秘を童話という形で表したお話です。私達人類の知性は、自然の成り立ちを科学的に理解して、自分達が生きやすいように変えてゆこうとする知性です。これに対して象や鯨の「知性」は自然界の動きを私達より、はるかに繊細にきめ細かく理解して、それに合せて生きようとする、いわば受身の「知性」です。知性に依って自然界を、自分達だけに都合のよいように変えて来た私達は今、地球の大きな生命を傷つけています。今こそ象や鯨達の「知性」から学ぶことがたくさんあるような気がするのです。

「花子！アフリカに帰っておいで」

「大きな森のおばあちゃん」続編　天外伺朗　絵・柴崎るり子

山元加津子さん推薦

今、天外さんが書かれた新しい本、「花子！アフリカに帰っておいで」を読ませて頂いて、感激をあらたにしています。私たち人間みんなが、宇宙の中にあるこんなにも美しい地球の中に、動物たちと一緒に生きていて、たくさんの愛にいだかれて生きているのだと実感できたからです。

定価1050円